W0281174

Regards sur le Handicap et le SPORT

Éditeur : Véronique Lefebvre
Assistance éditoriale : Suzette Durand
Conception graphique : Franck Desplats
Iconographie : Kevin Therenty

Vous pouvez consulter notre catalogue général
et l'annonce de nos prochaines parutions sur notre site :
www.cherche-midi.com

© le cherche midi, 2022
92, avenue de France
75013 Paris

Regards sur le Handicap et le SPORT

Sous la direction de **Philippe Fourny**

le cherche midi

SOMMAIRE

ÉDITO

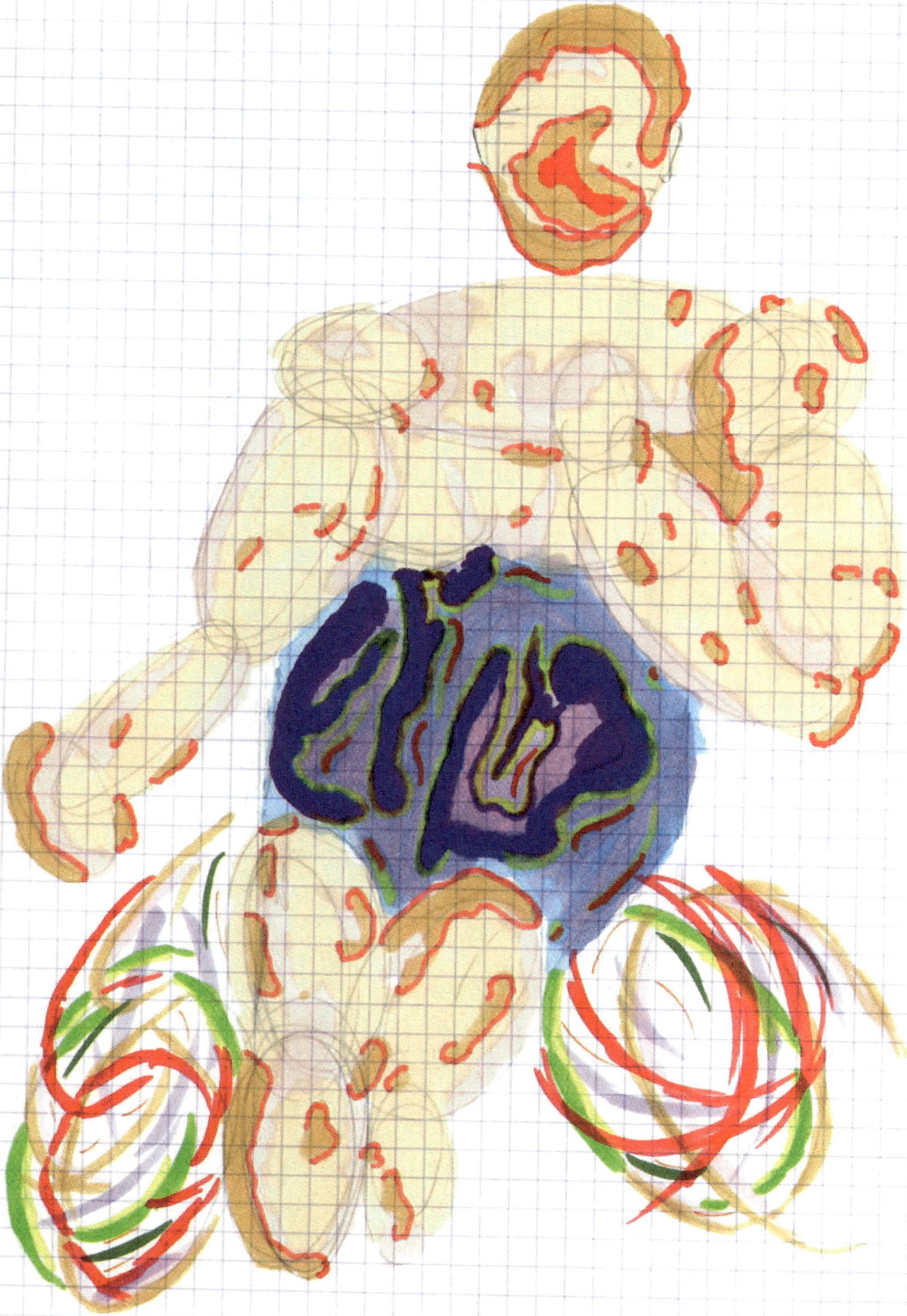

ÉDITO

Pourquoi cette collection ? Un autre regard pour une ambition : améliorer la société grâce au handicap

Par Philippe Fourny
Directeur de la collection « Regards sur... »

Cette question du pourquoi de cette collection en appelle naturellement deux autres qui lui sont liées: pourquoi ce titre et pourquoi aborder ce sujet du sport pratiqué par les personnes en situation de handicap? C'est que, dans le vaste monde du handicap (environ 10 % de la population générale), la question du regard est clé. Regard sur soi, regard sur les autres et surtout regard des autres sur soi.

Chacun de nous porte dans son regard son propre rapport à la norme, elle-même le produit d'un schéma dominant. C'est le fameux mot de Coluche: « un mec normal quoi, blanc... » Il aurait pu ajouter qui marche, qui voit et qui a toute sa tête. Pourquoi sommes-nous plus ou moins imprégnés par un même schéma normatif? Nous retiendrons trois raisons. La première a trait sans doute à notre propre représentation corporelle qui intègre depuis notre âge de conscience la bipédie, la bonne vision et l'intégrité du corps comme étant la norme. L'absence de bras du manchot retient mon attention dans la foule. Mais si je suis né avec une agénésie du membre supérieur, il sera alors un semblable. Vient ensuite l'analyse ancestrale nichée dans notre cerveau reptilien: l'identification rapide de l'utile et de l'inutile, la capacité ou non à défendre le groupe, à procréer, à transmettre... Stephen Hawking et son corps déformé pourraient apparaître comme une charge pour le groupe car il ne sait ni se mouvoir seul ni parler, alors qu'il n'est rien de moins que l'un des plus grands astrophysiciens de l'histoire de l'humanité, un esprit génial qui a formalisé puis vulgarisé le concept des trous noirs. La troisième raison qui trouble notre regard est sans doute plus intellectuelle, dans la mesure où elle rassemble les *a priori* liés à la culture transmise, acquise. Il s'agit du biais cognitif qui est une distorsion dans le traitement cognitif d'une information. Nous retiendrons, pour le thème du handicap, le biais de jugement et le biais de raisonnement. C'est Daniel Kahneman, prix Nobel d'économie, qui en a largement popularisé les principes. Un évènement fondateur et éclairant pour notre sujet survint alors qu'il était âgé de 7 ans et qu'il vivait à Neuilly-sur-Seine. En 1941, il crut au pire lorsque, son étoile de David cachée sous le chandail, il tomba sur un SS après le couvre-feu. S'approchant de lui, l'Allemand l'étreignit avec émotion, lui montra une photo d'enfant et lui donna de l'argent. Le futur psychologue en retiendra une leçon: l'« effet de halo », c'est-à-dire que la première impression détermine la perception future qu'on a d'une personne. Toute l'œuvre du professeur émérite de Princeton pourrait se résumer par une phrase: nous nous trompons bien plus que nous ne le pensons. Ce pourrait être le credo de notre collection « Regards sur... ». Quoi de plus adapté qu'un livre pour prendre le temps de la réflexion? Quoi de plus adapté que de coucher sur le papier les visions pour mieux les comparer, les apprécier ou les contester, et finalement faire évoluer notre perception et donc notre relation au handicap? C'est ce pari exigeant, de confrontation des points de vue, que vous retrouverez au chapitre « Table ronde au carré », emblématique de notre démarche éditoriale. Deux sportifs de très haut niveau, l'une championne paralympique, Marie-Amélie Le Fur, l'autre, champion olympique de judo, Thierry Rey, croisent leurs regards sur ce qui les distingue. Vous verrez, peu

“

Le handicap ne peut pas être un handicap”

Stephen Hawking

de choses finalement, et certainement pas le handicap. Nous martèlerons ce principe au fil de nos futurs ouvrages, à propos de grands chefs de cuisine, de chanteurs, d'architectes comme de cinéastes.

Vous l'aurez compris, nous ambitionnons de changer, à travers la lecture de ce livre, le regard que vous porterez à l'avenir sur les personnes en situation de handicap que vous serez amenés à rencontrer. Le thème inaugural de cette collection est le sport et ce pour deux raisons principales. La première tient au caractère volontairement contre-intuitif évoqué par ce sujet, c'est-à-dire la performance, le dépassement de soi et la bonne santé. Avouons-le, en particulier pour les handicaps dits visibles : lors d'une rencontre inopinée avec une personne en situation de handicap, les réflexes normatifs évoqués plus haut nous amènent naturellement sur le chemin de la compassion et de la comparaison. Immédiatement, nous renvoyons l'autre à ce qu'il ne peut pas faire. Le sport des personnes en situation de handicap présente l'avantage considérable de faire voler en éclats l'assignation présupposée à ce que la personne en situation de handicap ne peut faire. Par l'activité sportive, elle prouve le contraire sous nos yeux ébahis. Et en plus, très souvent, elle performe plus que nous ! D'aucuns considèrent d'ailleurs que ce sont les Jeux paralympiques de Londres en 2012 qui ont ouvert cette voie au changement de regard sur le handicap.

Ce constat nous amène naturellement à la seconde raison qui nous a incités à retenir le sport pour ce premier ouvrage de la collection « Regards sur... ». Au mois d'octobre 2018, mon ami le professeur François Genêt, médecin de médecine physique et de réadaptation (MPR), chef de service à l'hôpital Raymond-Poincaré de Garches, me prescrivait la meilleure ordonnance dont il m'ait été donné de bénéficier : retravailler ensemble sur un projet ambitieux, innovant et inédit. Il s'agissait de créer un institut hospitalo-universitaire exclusivement dédié à la dispensation de conseils de santé pour la pratique du sport à destination des personnes en situation de handicap et d'organiser une recherche clinique et technologique ainsi que les formations dédiées à cette problématique afin de « libérer les énergies », comme nous le signons désormais. Nous décidons d'appeler ce champ d'investigation le « parasport-santé » et créons cinq mois plus tard l'association qui dessinera les contours de ce futur institut. ISPC Synergies (pour Institut de santé parasport connecté) est né de ce pari dont la seule folie est qu'il n'ait pas été créé plus tôt... Véritable start-up d'intérêt général, ce chantier est pour nous l'occasion de rencontres et de défis remarquables. Ils nourrissent, c'est évident, l'envie de publier cet ouvrage et les témoignages qui le nourrissent. Le chapitre « Forum de l'ISPC » se fait d'ailleurs l'écho de cette expertise qui est devenue le combat de nos collaborateurs. Ceux-ci vous font partager leurs regards d'accompagnants et de chercheurs à la fois experts et bienveillants.

Notre pari est qu'à l'issue de cette lecture, votre regard sur le handicap ait changé et que vous embarquiez dans votre évolution vos proches, vos amis et vos relations. Ce sujet de société fera alors société. C'est là toute notre ambition.

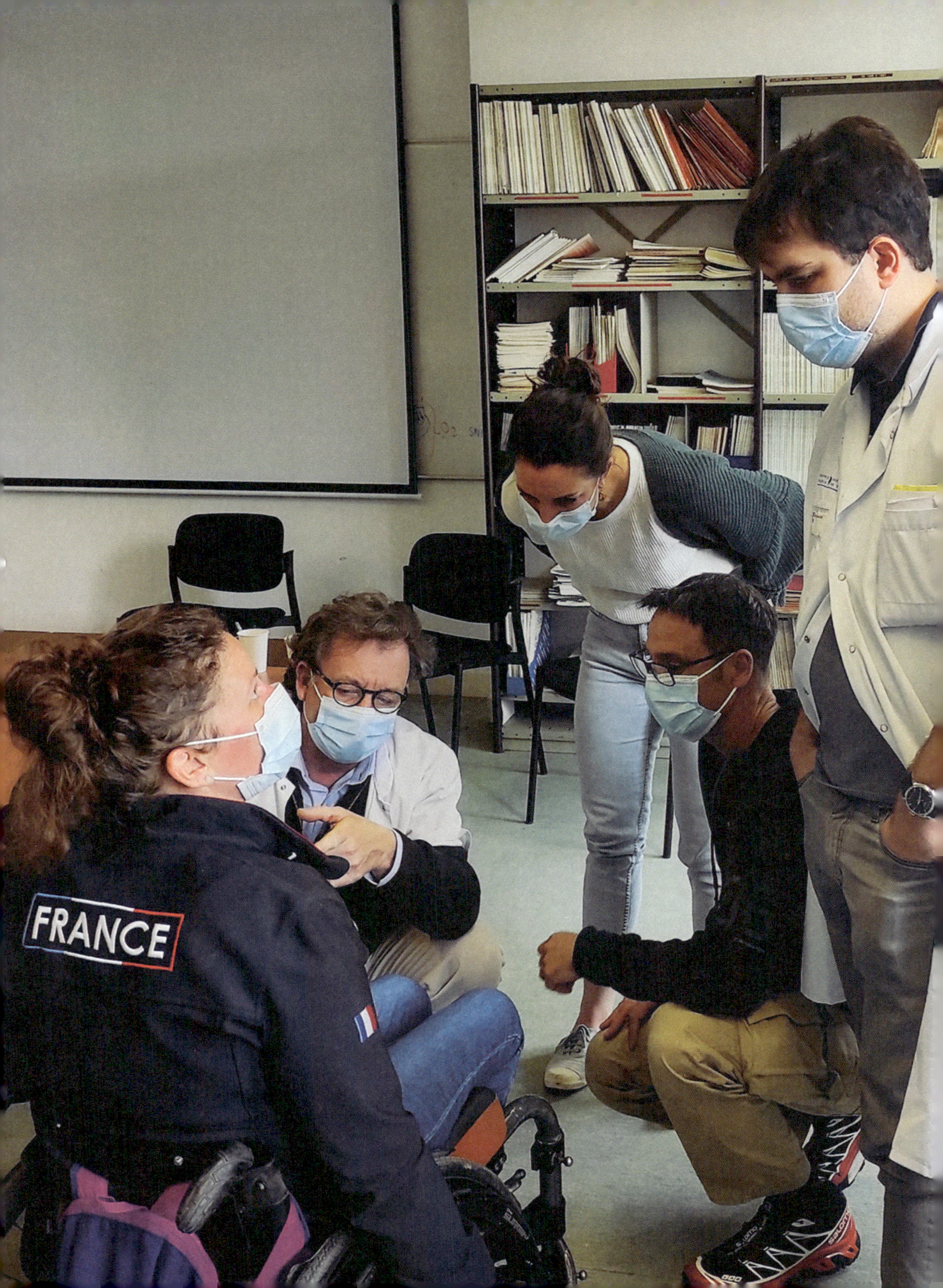
FRANCE

FORUM

La parole à l'Institut de santé parasport connecté, l'incubateur

Il y a des lieux qui concentrent les talents et des compétences pluridisciplinaires et où les équipes sont mues par une même ambition. L'ISPC Synergies est de ceux-là. Créé en mai 2019 par le professeur François Genêt, médecin de médecine physique et de réadaptation à l'hôpital Raymond-Poincaré de Garches où il est chef de service, en tant qu'association de préfiguration de la future fondation reconnue d'utilité publique (FRUP) de l'Institut parasport et santé (IPS). Philippe Fourny le seconde depuis le début de cette aventure au titre de directeur général de l'association. Ce projet repose sur le constat d'une carence dans le suivi et l'évaluation de l'activité physique et sportive des personnes en situation de handicap qui, à l'instar de la population générale, voit aussi son espérance de vie augmenter de façon très significative sans qu'aucune prise en charge adaptée ne soit proposée. Cette lacune entraîne le développement de pathologies qui s'ajoutent au handicap initial. ISPC Synergies vise donc à mieux connaître les caractéristiques de cette population en créant un institut hospitalo-universitaire qui œuvre sur les trois piliers complémentaires : le conseil santé, la formation et la recherche. Son but : améliorer la vie courante des personnes en situation de handicap. Désireux de faire vivre rapidement ce projet, il a été décidé d'en évaluer la pertinence sur un modèle dit « éprouvette » au sein de l'hôpital Raymond-Poincaré de Garches. C'est ainsi que sur 150 m^2 inaugurés au mois de novembre 2021, après des investissements importants de dispositifs d'évaluation, l'ISPC propose des consultations selon trois niveaux d'attente : la découverte d'une activité physique, la pratique et l'amélioration d'une pratique sportive, le haut niveau. C'est ce modèle « éprouvette » qui sera déployé en 2026 sur le site du futur institut à Bècheville Les Mureaux. Cette rubrique « Forum de l'ISPC » vise à donner la parole aux collaborateurs et aux partenaires réguliers de l'ISPC afin de faire se rencontrer leurs prises de position sur le thème choisi par « Regards sur… ». C'est donc tout naturellement que, pour cette première édition, nous avons retenu le sport.

Consultation pluridisciplinaire à l'ISPC.

Nous sommes tous des handicapés !

Par Philippe Fourny
Directeur général d'ISPC Synergies

Réfléchir sur le handicap, c'est assurément réfléchir sur le rapport que nous entretenons avec les autres et avec nous-mêmes : être fragiles à la naissance, robustes dans la force de l'âge puis déclinant inexorablement. Et pourtant, ces évidences ne le sont pas pour tous.

Nous sommes nombreux à nous être énervés de voir fleurir des qualificatifs réputés politiquement corrects et neutres pour définir des sujets dits sensibles. Le handicap en fait partie. On ne dit plus « handicapé » mais « personne en situation de handicap ». L'agacement passé, la réflexion s'impose. Elle touche à l'identité. En l'occurrence, il s'agit ici de définir qui vous êtes d'abord par ce que vous ne pouvez pas faire. Appliqué à mon cas personnel, cela donnerait : « nul en maths ». C'est malheureusement vrai, d'après mes très anciens professeurs de mathématiques, mais quelque peu réducteur en ce qui concerne ma personnalité. Cette définition de l'être par le faire n'est donc pas fausse, mais elle réduit l'individu à ses habiletés définies par la Classification internationale du fonctionnement (CIF). « Personne en situation de handicap » rebat les cartes des priorités en valorisant l'être, une personne, et en contextualisant ses restrictions de participation et ses limitations d'activité pour les replacer dans un moment, une situation où le faire a ses limites propres. Mais alors, si le handicap est situationnel, n'est-il pas concevable de considérer que nous sommes à la fois tous handicapés d'une possibilité de faire en comparaison à un autre plus performant ? En outre, nous sommes tous des handicapés en puissance car nos capacités physiques déclinent fatalement avec l'âge. En partant de ce postulat, « qui je suis » va évoluer avec « ce que je peux faire », la réduction de mes performances me mettant en situation de handicap par rapport à « ce que je pouvais faire avant ». Penser le handicap, c'est d'abord cela et c'est sans doute la raison pour laquelle le définir comme une limitation n'est pas faux, mais devrait s'étendre à tous, en particulier si l'on pense au vieillissement. En fait, penser au handicap nécessite de penser le handicap qui amène chacun à penser à soi et à son rapport à l'autre.

Car se départir de cette norme sociale, fruit d'un long processus collectif et individuel de modèles dominants, est sans doute la clé de la compréhension du handicap. Elle est même sans doute la clé pour comprendre, ou en tout cas mieux accepter, la profusion des différences. Dans son roman *S'adapter* (Prix Fémina 2021), Clara Dupont-Monod prête à l'aîné de la fratrie la réflexion suivante sur son jeune frère polyhandicapé : « L'aîné restait de longs moments à tenter de suivre ces billes noires qui semblaient danser lentement. Jamais il ne pensa aux autres enfants qui,

> Aujourd'hui je suis capable de réaliser toutes les tâches sur mon navire, je m'adapte, tout simplement."
>
> Kevin Cantin, navigateur.

à cet âge, auraient effectué d'immenses progrès. Il ne le comparait pas. Moins par réflexe de protection qu'en vertu d'un bonheur plein, complet, si original que la norme lui paraissait fade. Par conséquent il s'en désintéressait... » Eh oui, que la norme est fade ! Poussant l'ambivalence de la norme jusqu'à l'absurde, un autre écrivain, Gaël Faye, fait dire à son jeune narrateur à propos d'un camarade de quartier dans son roman *Petit Pays* (Prix Goncourt des Lycéens 2017) : « Pour Gino, la politique n'avait pas de secret. Son père était professeur d'université et lui demandait toujours son avis sur l'actualité, lui conseillait de lire tel article dans *Jeune Afrique* et tel autre dans *Le Soir*. Du coup Gino comprenait toujours ce que disaient les grandes personnes. C'était son handicap. » Le professeur François Genêt le répète au fil de ses interventions : le handicap est situationnel. La médecine l'assure, la littérature le prouve.

Le foot, sport collectif et d'adresse, sait inclure les personnes en situation de handicap, quelle qu'en soit la nature : amputé, non-voyant ou paraplégique.

Bouger c'est la santé !

D'innombrables statistiques épidémiologiques constatent les méfaits sur la santé de la sédentarité et de l'inactivité physique. La part grandissante du travail tertiaire, de la vie urbaine et des loisirs passifs (jeux vidéo, télévision...) contribuent assurément à cet inquiétant constat. Et ce bilan qui est mondial ne cesse de s'aggraver au fil des années. L'inactivité physique est devenue l'un des principaux facteurs de risque pour les populations concernées. Selon l'Organisation mondiale de la santé (OMS), elle serait à l'origine d'environ 10 % de la mortalité totale en Europe. On estime que l'inactivité physique est la cause de 5 % de la charge des cardiopathies coronariennes, de 7 % du diabète de type 2, de 9 % du cancer du sein et de 10 % de cancer du côlon[1]. Il faut donc, pour agir efficacement contre ces effets délétères, à la fois augmenter le niveau de l'activité physique et limiter la sédentarité. Dans ce contexte, on comprendra aisément que pour les personnes en situation de handicap, caractérisées par « des déficiences, des limitations d'activités et des restrictions de participation » selon la Classification internationale du fonctionnement, du handicap et de la santé (CIF) élaborée par l'Organisation mondiale de la santé (OMS), le manque d'activité physique a d'autant plus de conséquences sur la santé qu'il touche des individus déjà fragilisés.

1. Anses – Avis et rapports relatifs à l'« Actualisation des repères du PNNS : révisions des repères relatifs à l'activité physique et à la sédentarité », 2016 et OMS Europe – Stratégie sur l'activité physique pour le Région européenne de l'OMS 2016-2025

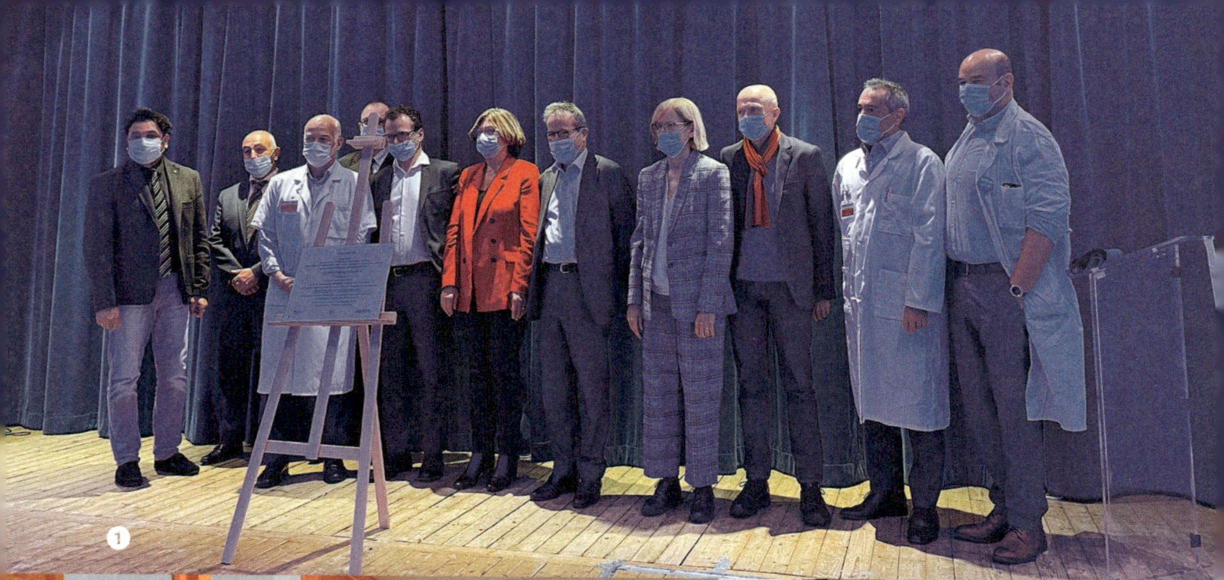

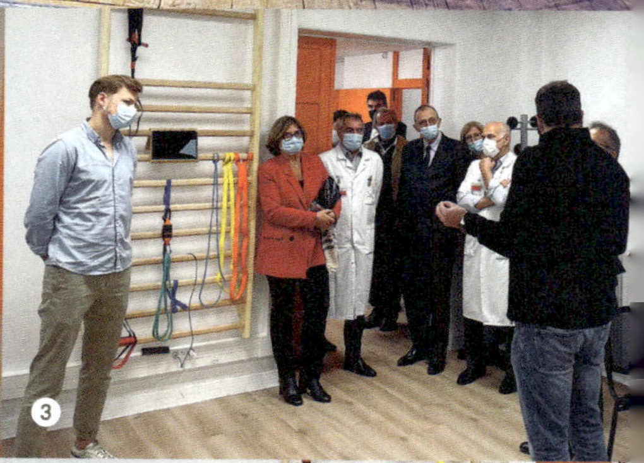

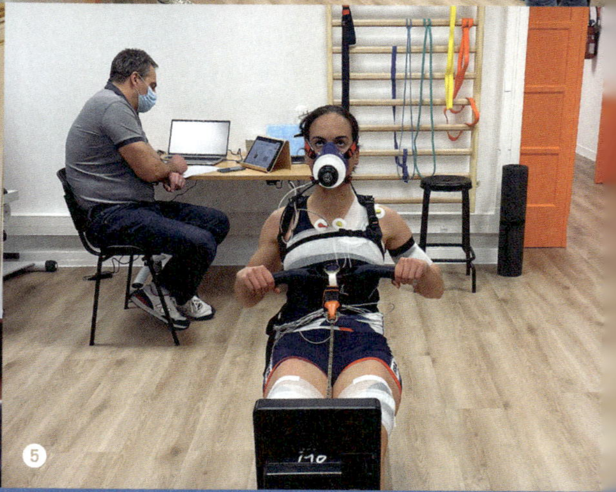

L'Institut de santé parasport connecté a été formellement inauguré le 22 octobre 2021 par monsieur Martin Hirsh, directeur général de l'AP-HP. (photos 1 et 3). Cette unité de consultation parasport-santé transitoirement domiciliée à l'hôpital Raymond-Poincaré de Garches (photos 2, 5, 7 et 8) doit se redéployer au premier trimestre 2026 sur le site

6

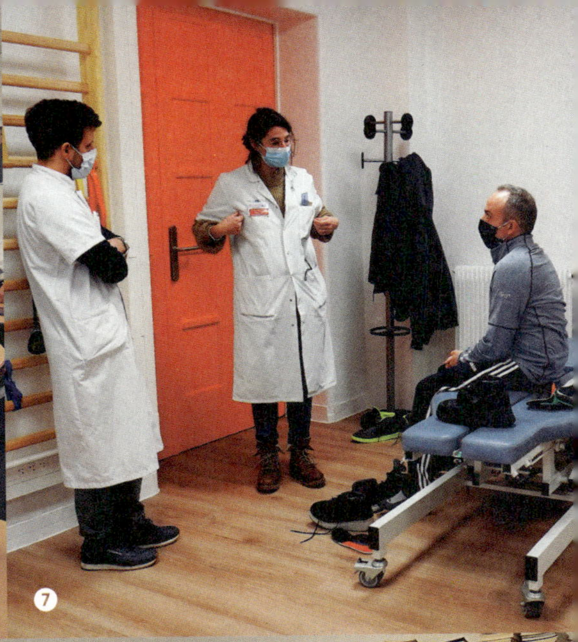
7

8

de Bècheville Les Mureaux, dans ses propres locaux. Ce projet, majoritairement financé par le Conseil départemental des Yvelines, a été officialisé le 10 juin 2021 à l'hôtel du département (photo 4). Il a donné lieu à une consultation de cabinets d'architectes (photo 6) le 8 juillet 2022.

FRA
France
182

Médecin aux Jeux paralympiques de Tokyo 2020… Une épopée inoubliable en période de pandémie !

Par le professeur François Genêt
Chef de la délégation médicale des JPO de Tokyo 2020

Une chronique des derniers Jeux paralympiques de Tokyo racontée par un expert, qui nous livre les coulisses de ces jeux atypiques en pleine crise sanitaire, avec son retour d'expérience et ses anecdotes qui traduisent bien ce mélange d'émerveillement, de surprise et de défi, mais surtout la fierté ressentie par tous.

Une histoire de recrutement

Décembre 2019. Quand Jean Minier, directeur sportif du Comité paralympique et sportif français (CPSF) et chef de mission des Jeux paralympiques de Tokyo 2020, me propose de l'accompagner en tant que responsable de la délégation médicale de l'Équipe de France pour ces Jeux, il paraît difficile de refuser. Et pourtant, mes engagements déjà pris sur d'autres terrains et la crainte de ne pouvoir assumer correctement cette mission dans des délais aussi courts m'ont autorisé à refuser deux fois cette proposition avant de l'accepter suite à la troisième relance ! Cette aventure humaine internationale restera gravée à jamais dans ma mémoire.

La nomination est donc tardive, et il paraît compliqué de tout préparer dans les temps car nous partons d'une feuille blanche. En effet, du fait de la nouvelle répartition fédérale des disciplines parasportives françaises, c'est la première fois que le Comité paralympique et sportif français prend la main sur l'organisation pour l'équipe de France des Jeux paralympiques. Nous sommes en février 2020 et la Covid commence à faire sérieusement parler d'elle…

Une préparation atypique pour des Jeux incertains

Très rapidement, malgré les résistances du Comité international olympique, la discussion de l'annulation puis du report des Jeux olympiques, véritable grand frère des Jeux paralympiques commençant un mois plus tôt, se fait de plus en plus précise… La nouvelle tombe le 24 mars 2020 : les Jeux de Tokyo 2020, olympiques et paralympiques, sont reportés en 2021 aux mêmes dates… Contrairement aux para-athlètes, pour lesquels cette décision complique beaucoup l'entraînement et chamboule les engagements, je souffle un peu, acceptant avec soulagement ce temps supplémentaire qui m'est accordé pour la réflexion de l'organisation du volet « santé » des Jeux paralympiques pour l'Équipe de France à Tokyo en 2021.

La particularité de la constitution de l'équipe médicale et paramédicale de l'Équipe de France pour les Jeux paralympiques est d'être centralisée. En effet, les disciplines ne viennent pas avec leur staff « santé » propre comme pour les Jeux olympiques. Cette différence ajoute une difficulté supplémentaire à la sélection des membres de cette équipe médicale. Tous les staffs médicaux et paramédicaux habituels des disciplines concernées ne pourront pas être accrédités, et les professionnels sélectionnés devront prendre en charge des para-athlètes de plusieurs disciplines à la fois, des disciplines parfois bien éloignées tant en termes de suivi sportif que de handicap.

La seconde particularité est plutôt liée au profil même des para-athlètes, qui sont certes des athlètes de très haut niveau mais qui, pour certains d'entre eux, font l'objet d'un suivi médical rapproché lié à leur handicap. En effet, dans l'histoire des Jeux, les complications médicales qui peuvent survenir en ces moments particuliers (stress, décalage horaire, température...) ont déjà empêché certains para-athlètes de s'aligner en finale, avec une perte sèche de médaille. L'ambition du staff médical a donc été de sensibiliser les para-athlètes, mais également leur staff technique, afin que les recommandations de suivi médical soient assurées en amont de la compétition. Ce suivi concerne les examens spécialisés à réaliser mais également les prises en charge préventives adaptées et singulières afin de prévenir les incidents. Nous avons donc incité ces champions à consulter en amont dans les structures de référence, assuré des webinaires dédiés et tenté d'organiser ce suivi à distance malgré les difficultés liées à la pandémie.

Aux JO de Tokyo, face à la crise sanitaire, il a fallu développer une stratégie spécifique pour protéger nos athlètes.

À la rentrée scolaire 2020, je décide de prendre avec moi deux adjoints médecins de médecine physique et de réadaptation, également médecins du sport et ayant une expérience des Jeux paralympiques. Ils seront très vite rejoints par deux autres médecins, dont un médecin militaire, l'Armée de champions participant grandement à la constitution de nos équipes. Trois hommes et deux femmes : nous sommes proches de la parité. Le socle de la stratégie de préparation « santé » des Jeux, avec en particulier les fortes contraintes liées à la Covid, est établi. Les réunions en « visio », nouveau mode de communication, s'enchaînent notamment avec les chefs de mission, Jean Minier et son adjoint Olivier Busnel, qui nous apportent leur expérience, leur bienveillance et un soutien indéfectible, afin de surmonter nos difficultés organisationnelles. Par ailleurs, la situation sanitaire continue à être très tendue, et je demande à deux autres médecins pré-accrédités supplémentaires de se tenir prêts au cas où l'un ou plusieurs d'entre nous seraient positifs à la Covid la veille du départ...

En effet, la pandémie se développe, tous les pays ne sont pas au même niveau et les stratégies de vaccination sont hétérogènes. Il est impossible d'inclure ce paramètre pour une venue au Japon. Les taux d'incidence dans les pays participants sont également très variables... Sur le plan local, se pose la question des risques exposés pour la population japonaise. Celle-ci s'oppose à plus de 80 % à la tenue des Jeux olympiques et paralympiques...

Des défis s'imposent donc à nous. La première interrogation est de proposer une stratégie spécifique afin de protéger nos para-athlètes, souvent plus fragiles

que les athlètes des Jeux olympiques. Il se pose aussi des questions sur les modalités médicales d'entraînement dans un contexte de pandémie, en particulier pour les sports d'équipe, et sur le rôle des aidants. En effet, les forces publiques et spécialement médicales ne contrôlent pas bien cette situation inédite. De plus, les consignes varient souvent et sont parfois contradictoires ou inadaptées. Pour le départ vers Tokyo, nous commençons à discuter de la nécessité de la vaccination. Nous prenons le parti d'inciter toute la délégation à se faire vacciner en lui facilitant l'accès aux « vaccinodromes »… Pour les professionnels de santé, nous décidons d'intégrer la vaccination obligatoire dans la matrice décisionnelle de sélection des professionnels de santé pré-accrédités. En effet, les conditions d'exercice centralisé sur un seul lieu, au plus proche de para-athlètes dont certains sont fragiles, et la crainte de devoir assumer le confinement de certains professionnels de santé pendant les Jeux, réduisant ainsi l'équipe opérationnelle, nous font valider cette décision. Tous les professionnels de santé de l'Équipe de

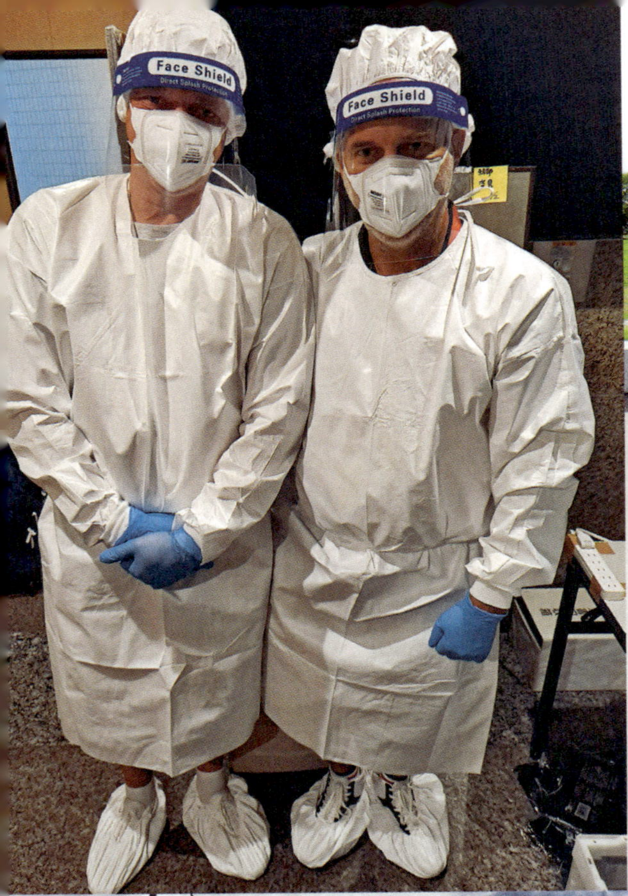

Une logistique renforcée et une mobilisation générale ont été necessaires pour l'organisation des jeux paralympiques en pleine crise sanitaire.

France pré-accrédités et souhaitant partir doivent donc être vaccinés.

Les compétitions internationales participant à la sélection des para-athlètes étant annulées ou reportées, la constitution finale des équipes de France prend du retard alors que les dates butoirs approchent. Le temps passe, le spectre de l'annulation des Jeux plane une nouvelle fois. Afin de réduire le nombre de personnes de différentes nationalités sur place, le nombre d'accréditations pour les équipes de France se réduit. Disparition du Club France. L'organisation japonaise, le Tocog (Tokyo Organising Committee of the Olympic et Paralympic Games), et l'IPC (International Paralympic Committee) délivrent des *playbooks* avec toutes les recommandations, régulièrement mises à jour en fonction de l'évolution de la pandémie. Le verdict tombe : les Jeux olympiques et paralympiques auront bien lieu à Tokyo, mais devant des tribunes vides sans public, ni japonais ni international.

En France, l'équipe médicale s'étoffe encore : nous intégrons dans notre équipe deux référents des professions paramédicales afin de constituer une matrice de sélection pour le recrutement des autres membres de l'équipe « santé ». Cette matrice nous permet de proposer à quatorze kinésithérapeutes et à trois infirmiers de nous rejoindre. L'équipe au complet est constituée. Les fédérations qui n'ont pas de référent accrédité sont inquiètes mais acceptent sportivement ces choix qui ont été mûrement réfléchis et peuvent être expliqués.

Finalement, les Jeux paralympiques se déroulent bien du 24 août au 5 septembre 2021. De notre côté, nous vivons l'accélération des préparatifs. La liste des médicaments est achevée. Il faut commander, se faire livrer et mettre ces médicaments, matériels et dispositifs médicaux dans des cantines séparées. Un long travail logistique où tout le monde doit apporter sa pierre à l'édifice. La question qui nous anime à ce moment-là est de savoir ce que nos amis du Comité national olympique et sportif français laisseront sur place en termes de matériel (tables de massages, échographes, matériels de physiothérapie) et consommables (médicaments et dispositifs médicaux), puisque les Jeux olympiques sont terminés depuis plus de quinze jours et que nous sommes installés dans le même village. C'est l'organisation du CPSF qui assurera le retour de l'ensemble du matériel par container après les Jeux paralympiques. Bref, des échanges, des e-mails, des textos... Il faut également penser au voyage et envisager l'ensemble des problèmes susceptibles de survenir durant le vol... Tout semble se faire au jour le jour pour cet évènement international.

1, 2, 3, partez... La semaine avant le départ, le voyage et l'arrivée

Les consignes du Tocog sont claires : un suivi des activités au quotidien de l'ensemble de la délégation dans les quatorze jours précédant le départ pour Tokyo, avec un maximum de confinement ; deux tests PCR négatifs dans les soixante-douze heures avant le départ dans des centres validés par le Tocog (avec une répartition de ces structures très aléatoire sur le territoire français...) ; un téléchargement de deux applications de suivi et de contrôle pendant les Jeux ; une garantie de non-sortie du village en dehors des allées et venues sur les sites de compétition (en bus japonais affrétés) ; un test salivaire quotidien à réaliser par l'ensemble de la délégation ; et enfin une arrivée sur le site olympique moins de cinq jours avant la compétition de l'athlète et un départ au plus tard quarante-huit heures après sa dernière épreuve (une certaine flexibilité a été donnée sur ce point pour les Jeux paralympiques du fait des difficultés de transfert d'athlètes vivant avec un handicap et ayant besoin d'une tierce personne qu'il nous fallait mutualiser pendant le voyage retour). De notre côté, nous avons réussi à quasiment vacciner l'ensemble de la délégation (96,3 %). Nous sommes donc assez sereins. Quelques disciplines décident de garder leur organisation en « pré-camp » au Japon afin de s'acclimater plus longuement et partent un peu plus tôt (un descriptif détaillé de leurs déplacements au Japon est demandé par le Tocog). Au total, sur la durée du séjour, la délégation française sera composée d'un peu moins de 350 personnes dont 152 para-athlètes.

Le jour J arrive pour le départ du plus important contingent. À l'aéroport, une ambiance comme je n'en avais jamais vu! Des consignes vestimentaires ont été données et nous voilà tous parés des mêmes tenues fournies par le partenaire sportif, et tous équipés de sacs identiques! Difficile de s'y retrouver. En tant que responsable de la délégation médicale, j'ai la charge du fret aérien des malles de médicaments (onze cantines métalliques, soit l'équivalent de 200 kg). L'ambiance est extraordinaire dans le groupe, les voyageurs et les autres personnes dans l'aérogare nous témoignent des marques de sympathie. Un drôle de sentiment de fierté commence à poindre...

Le voyage (neuf heures de vol) et l'atterrissage sur l'aéroport de Takeda se déroulent sans incident particulier. Les ennuis commencent quand le test réalisé sur salive de l'un de nos para-athlètes se révèle positif à l'aéroport. Il a suivi toutes les recommandations, il est vacciné et ses deux tests faits en France avant de partir étaient négatifs... Toute la délégation se trouve bloquée à l'aérogare. Des discussions interminables commencent. Face à notre incrédulité, les services sanitaires locaux réitèrent le test. Il reste positif. Tous les athlètes ayant voyagé à moins de cinq mètres sont considérés comme des cas contacts et doivent rester eux aussi confinés dans un hôtel réservé à ces personnes positives, à distance du village olympique. Cette annonce oblige à un isolement des athlètes de plusieurs disciplines, ce qui remet en question la participation de l'Équipe de France à certaines compétitions. Un léger vent de panique s'empare de la délégation et les sportifs concernés sont inquiets ou abattus.

Après plusieurs heures de discussions et différents *scenarii* envisagés, nous parvenons à ne faire isoler en dehors du village que le para-athlète positif, qui sera accompagné de l'un de nos trois infirmiers qui l'aidera au quotidien. Ils seront logés dans

le lieu dédié, le *Day Nice Hotel*. Les cas contacts, quant à eux, seront isolés au village olympique (isolement dans leurs chambres sans possibilité de sortie).

Un peu bousculés par tout cela, nous arrivons enfin au village en bus, en pleine nuit, après avoir passé une dizaine d'heures supplémentaires à l'aéroport. L'installation se fait les jours suivants. Notre para-athlète isolé est très déçu, les conditions de vie au *Day Nice Hotel* sont loin d'être satisfaisantes, et les chambres ne sont pas adaptées aux personnes en situation de handicap. L'ambiance y est glauque. Notre champion ne reçoit que des visites d'hommes en tenue complète d'isolement. Il ne peut en aucun cas sortir, ni même ouvrir une fenêtre. Sa participation aux Jeux est très compromise. L'équipe médicale reste mobilisée avec l'équipe de mission et certains officiels manœuvrent pour tenter de le faire réintégrer et, en attendant, d'améliorer ses conditions de vie ainsi que celles de l'infirmier qui a accepté de l'accompagner. Nous multiplions les tests en espérant des résultats négatifs, ce qui nous paraît discutable. Par ailleurs, le staff technique tente par tous les moyens de rassurer les autres partenaires de ce coéquipier (appartenant à une équipe de sport collectif), ainsi que ceux d'autres disciplines qui ont également été ébranlés par leur isolement transitoire en tant que cas contacts…

Pendant ce temps-là, avant le début des épreuves, la vie dans le village s'organise. L'ensemble des équipes opérationnelles, dont celle de santé, montent les infrastructures et s'installent dans le bâtiment « France ». Tout est déballé et monté. Les répartitions dans les chambres sont complexes (et dépendent de l'accessibilité, des disciplines, du besoin d'un infirmier au quotidien, des affinités…). La *rooming list* est difficile à consolider. Pour l'équipe « santé », il s'agit de monter le bureau médical, les salles d'examens, d'assurer le rangement des médicaments importés, d'organiser la salle de kinésithérapie avec tout le matériel et les consommables nécessaires, de monter et de remplir les bains froids dans le sous-sol du bâtiment, d'écrire les procédures et d'organiser le travail des équipes (horaires, rotations, astreintes). En fin de compte, en deux jours, la situation semble stabilisée et la compétition peut enfin commencer.

Pendant cette courte première semaine, les para-athlètes se préparent et s'entraînent. Parallèlement, l'ensemble de l'Équipe de France découvre le village, ses commodités et son organisation : les différents types de restauration ouverts 24 heures sur 24 délivrant en permanence les trois principaux repas de la journée dans des cellules en plexiglas, le fonctionnement

Au village olympique, tout est accessible et la vie en communauté avec toute personne vivant le handicap fait disparaître le handicap.

de la laverie, les déplacements dans le village, les différents commerces, etc. Pour l'équipe « santé », l'enjeu nouveau est l'organisation des prélèvements salivaires quotidiens, la réparation de certains équipements, notamment les fauteuils roulants électriques, la 3e roue. Il faut aussi acheter des climatiseurs pour nos salles d'examens non climatisées, visiter la polyclinique et comprendre son fonctionnement... Bref, tout une somme de détails à penser, qui sont nécessaires au confort d'une délégation de parasportifs de haut niveau dans un village olympique implanté sur une île dont les buildings ont de faux airs de La Défense. Mais l'ambiance y est joyeuse. Se promener dans le village olympique pendant les Jeux paralympiques renvoie à une certaine image de la Cité universelle. Tout y est évidemment accessible et la vie en communauté de toutes ces personnes vivant avec un handicap, aussi divers soient-ils, fait disparaître le handicap. C'est très agréable à vivre et donne à réfléchir sur la façon d'améliorer l'accessibilité dans nos cités, ce qui permettrait d'adoucir le handicap.

Des Jeux où la dimension médicale a pris tout son sens

À l'approche de la compétition, et malgré la bonne ambiance du site olympique, des petites tensions et inquiétudes de para-athlètes qui consultent au bureau médical apparaissent... Les champions sont rassurés par les kinésithérapeutes et les infirmiers, qui travaillent au plus proche des athlètes, notamment pour assurer leur confort au quotidien et leur récupération après chaque entraînement.

Les tâches sont réparties, le bureau médical est ouvert de 6h30 à 22 heures avec un médecin de permanence qui prend l'astreinte téléphonique de nuit avant de passer la main à un autre collègue. Les médecins qui ne sont pas d'astreinte ont la possibilité d'aller sur les sites de compétition afin d'évaluer les conditions dans lesquelles les para-athlètes s'entraînent et entrent en compétition. En effet, la prévention est encore une fois centrale, et apporter l'expérience médicale à la demande des entraîneurs peut parfois régler un détail qui mène à la victoire ou tout au moins évite de perdre. Cela a notamment été le cas pour les disciplines qui se pratiquaient en extérieur et pour lesquelles la chaleur et l'humidité pouvaient causer des blessures ou des malaises. La présence du staff médical sur un site de compétition apporte un soutien psychologique pour certains para-athlètes et certaines équipes, surtout si le médecin, le kinésithérapeute ou l'infirmier suivent la discipline sur les autres compétitions internationales. Cette relation de confiance et ce sentiment d'intégration dans une équipe sont évidemment un point fort.

Émotions à la cérémonie d'ouverture et de clôture

Le risque de perdre le contrôle sur la pandémie a logiquement réduit le nombre d'accréditations disponibles pour la cérémonie d'ouverture. La priorité, hors para-athlètes, a été de donner cette opportunité à ceux qui n'avaient jamais vécu ce moment exceptionnel. J'ai donc bénéficié de ce privilège. C'est tout d'abord beaucoup d'attente avec la présence simultanée de l'ensemble des équipes nationales sur le même site. L'arrivée se fait en fonction de l'ordre de passage pour le défilé. La France, en tant que prochaine nation organisatrice,

est placée par tradition en avant-dernier, juste avant le pays organisateur, le Japon, qui ferme la marche. L'équipe de communication du CPSF, qui nous avait donné notre code vestimentaire, nous place afin que les parkas bleues, blanches ou rouges qui nous ont été distribuées dessinent un drapeau français vu depuis le haut de la procession. Nos deux porteurs de drapeau, Sandrine Martinez et Stéphane Houdé, tels de vrais chauffeurs de salle, nous incitent à chanter et à scander des slogans patriotiques afin de nous mettre dans l'ambiance pour l'entrée dans le stade. Nous sommes derrière les États-Unis. Nos chants se font de plus en plus forts. Puis nous nous dirigeons vers la porte d'accès au stade, une petite lumière se dessine au fond d'un long couloir sombre. Nous avançons, tous ensemble, tous handicaps confondus, et enfin c'est notre tour. Nous entendons le speaker crier: « *And now... France!* » Nous entrons dans le stade. Aucun spectateur... et pourtant nous sommes transportés par une émotion profonde de joie enfantine, mêlée à un certain patriotisme. La compétition peut commencer! Nous assistons tous à cette cérémonie d'ouverture, assis sur le terrain du stade. La flamme s'allume et nous participons à cette liesse internationale, impression partagée de vivre un moment rare voire unique dans nos vies.

Le temps des défis et des compétitions

Dès le début des compétitions, l'ambiance se transforme tout à coup. Un vrai virage après une semaine de vie sur ce site. L'organisation tousse parfois un peu. La dimension du handicap n'est pas toujours bien appréhendée, mais finalement les évènements parviennent à s'enchaîner de manière fluide. Le staff d'organisation cherche à voir toutes les épreuves en présentiel ou à la télévision. L'idée est de suivre au maximum les performances de nos para-athlètes en temps réel. Certains soirs, un staff en extérieur est organisé afin de féliciter les médaillés. L'idée est de rester ensemble malgré le risque de se contaminer les uns les autres. En effet, ces para-athlètes se sont entraînés pendant cinq ans et le risque de ne pouvoir concourir à cause d'un test salivaire positif freine certains élans. L'ambiance reste bonne. Toujours pas de cas positif... et cela tiendra jusqu'à la fin des Jeux. Ouf!

Bien évidemment, compétition après compétition, il y a des bonheurs et des déceptions parfois agrémentées d'incompréhension ou de sentiment d'injustice, mais les résultats sportifs sont là! cinquante-quatre médailles (11 en or, 15 en argent et 28 en bronze) pour 35 en objectif. Un classement de 14e nation car le nombre de médailles de bronze reste important (la République islamique d'Iran est devant nous avec 24 médailles au total dont 12 en or). Sur le plan de la santé, tous les para-athlètes ont pu se présenter à leurs compétitions, sans aucune décompensation médicale. C'est d'ailleurs un sujet de satisfaction partagé: la commission médicale de l'IPC annonce une nette diminution des motifs de consultations sur l'ensemble des nations (environ 30 %). Probablement grâce aux mesures de distanciation dues à la Covid, qui ont fait disparaître certaines affections comme les pathologies bénignes ORL. Mais l'amélioration générale des performances durant ces Jeux est probablement liée à une meilleure préparation de nos para-athlètes. Donc moins de blessures. Les Jeux se travaillent vraiment avec beaucoup d'anticipation... Pour terminer sur ce volet, c'est une évidence mais il faut le souligner: tous les tests antidopage de nos champions sont négatifs.

Petit à petit, les jours s'égrènent, les Jeux se terminent... Il faut faire l'effort inverse de l'aller: tout démonter, tout ranger, tout référencer et commencer son rapport. Le retour en avion est plus simple que l'aller... Le seul évènement notable est l'arrosage traditionnel de bienvenue de notre avion à l'atterrissage à Orly par les équipes des

Cérémonie de remise des médailles à l'Elysée après Tokyo 2020.

pompiers des Aéroports de Paris. Très vite, nous reprenons le chemin du travail, l'hôpital Raymond-Poincaré à Garches dans mon cas dès le lendemain, avec cette sensation bizarre d'avoir vécu un rêve…

Le souvenir d'une grande aventure

Je me souviendrai que la réussite de cette épopée fut le fruit d'un travail d'équipe (logistique, communication, santé), centralisé autour du groupe d'organisation qui nous a permis de nous sortir de toutes les situations, y compris des plus délicates. Je retiens de cette formidable aventure que la dimension médicale, même si elle reste très importante pendant les Jeux, est fondamentale lors de la préparation durant les mois qui précèdent cet évènement planétaire et magique. L'équipe médicale face au binôme para-athlète-entraîneur doit rester disponible et à distance afin de les laisser s'exprimer dans les meilleures conditions possibles. Car le staff médical est le garant de la prévention et constitue le premier recours en cas d'incident. Cette relation de confiance se construit avec le temps et est l'une des pierres angulaires de la réussite de nos champions.

Je tiens à remercier particulièrement l'ensemble des personnes qui m'ont aidé et accompagné au cours de ce formidable voyage. Je pense évidemment à mes quatre collègues médecins, le docteur Vincent Detaille, le professeur Julia Facione, le docteur Orianne Lopez et le docteur Frédéric Rusakiewicz, ainsi qu'à nos deux référents paramédicaux Vincent Ferring et Anne Germain. À cela s'ajoute l'ensemble des professionnels infirmiers (Isabelle Ferber, Raji Mustafa et Bruno Poncelet), et kinésithérapeutes (Pierre Ameglio, Kévin Bougarel, Stéphane Bozzolo, Nessim Chriqui, Pasquale Gallo, Guillaume Graux, Baptiste Hemeryck, Fabien Lacote, David Lacroix, Daniel Martins, Isabelle Molinger, Michel Roux, et David Rui). Enfin, je tenais à remercier le CPSF et notamment sa présidente Marie-Amélie Le Fur et son directeur Elie Patrigeon, pour leur confiance et leur soutien depuis le début de cette aventure. Comment parler de confiance sans penser à Jean Minier, son adjoint Olivier Busnel et tout le staff de la délégation française Tokyo 2020, pour leur accompagnement et la construction de liens forts entre le technique et le médical, tout au long de cette aventure.

Éviter la contre-performance est une performance

Par Didier Pradon,
Ingénieur hospitalier

L'enjeu pour tout sportif est de gérer la performance. Mais pour l'athlète, on développe le concept de prophylaxie de la contre-performance, qui permet de gérer toutes les dimensions d'un projet sportif et notamment celle de la récupération. Presque une nouvelle philosophie…

Et si la prévention et la prophylaxie se mettaient au service du sport et des performances ? Rappelons que la prophylaxie médicale est définie dans le *Larousse* comme : « l'ensemble des moyens médicaux mis en œuvre pour empêcher l'apparition, l'aggravation ou l'extension des maladies ». Ce terme prend tout son sens dans le cadre de la médecine préventive, puisqu'il sous-entend qu'un ensemble de procédures est mis en œuvre pour éviter l'apparition d'un incident involontaire lors de la prise en charge thérapeutique. Ce terme de prophylaxie se subdivise en fonction du niveau d'action. On parle ainsi de prophylaxie primaire lorsqu'on vise à empêcher l'apparition d'une maladie, secondaire lorsqu'on cherche à freiner la récurrence d'un problème, tertiaire lorsqu'on souhaite éviter les complications d'un problème déjà chronique, et enfin quaternaire lorsqu'on veut limiter la médecine non nécessaire, autrement dit la surmédicalisation.

Gérer la performance

Dans le domaine sportif, et plus particulièrement le sport de haut niveau, la notion de prévention est essentielle. L'athlète de haut niveau n'arrête pas sa carrière parce qu'il est arrivé au maximum de ses capacités physiques, mais souvent, à cause de blessures à répétition. Celles-ci ont de fortes répercussions psychiques. En effet, après le temps de récupération, il lui faut se recentrer pour retrouver son niveau de performance perdu. Elles l'impactent également d'un point de vue physiologique puisque la planification de la charge d'entraînement, qu'elle soit annuelle ou pluriannuelle, s'en trouve modifiée. Depuis de nombreuses années, les structures de sports valides de haut niveau – professionnels dans un premier temps – ont intégré dans l'entraînement la prévention de blessures. On parle en ce cas de prophylaxie de la performance. Les objectifs sont d'une part d'identifier les risques de blessure via des batteries de tests spécifiques qui mettent en lumière des asymétries de force, de mobilité, ou une fatigabilité accrue, d'autre part d'éviter la récidive de ces blessures. Ce postulat est très intéressant et complémentaire de la performance. En effet, et de façon très schématique, le staff technique a une double mission : la première est d'optimiser la performance en actionnant l'ensemble

La Classification internationale du fonctionnement, du handicap et de la santé (CIF) a été élaborée par l'Organisation mondiale de la santé (OMS) afin de fournir un langage uniformisé et un cadre pour la description et l'organisation des informations relatives au fonctionnement et au handicap. La CIF ne classifie pas les individus mais bien le fonctionnement des individus. Elle est structurée en plusieurs classifications hiérarchiques constituées de catégories. Chaque catégorie étant formulée de manière neutre, il est nécessaire de recourir à des codes qualificatifs pour décrire, selon les cas, les déficiences, les limitations d'activité, les restrictions de participation, les obstacles ou les facilitateurs environnementaux observés.

100

Pour moi, c'est une renaissance aussi bien dans ma vie personnelle que dans ma pratique sportive."

Julien Mouchet, Équipe de France de para-golf.

des éléments permettant de faire passer un athlète de 96 % de son potentiel de performance à 100 %, tandis que la seconde vise à réduire le risque de blessure en proposant des solutions pour que l'athlète ne dépasse pas ce 100 % de son potentiel puisque, au-dessus… ça « casse ». Ces structures ont donc mis en place ce suivi de la performance et des risques de blessure, et servent le projet sportif de l'athlète.

Une performance en phase avec le projet sportif

Fort de cette expérience, il serait logique de dupliquer ce modèle ou ces procédures utiles et pertinentes du sport valide au parasport, en considérant que ce dernier est, quelle que soit la discipline, proche du sport valide mais pratiqué par des athlètes ayant un ou des problèmes moteurs, sensoriels et/ou cognitifs. L'approche prophylactique est évidemment plus complexe puisque le para-athlète a des spécificités que l'athlète valide n'a pas. Ces caractéristiques sont étroitement liées à sa double identité: athlète et personne en situation de handicap. La prophylaxie de la contre-performance vise à trouver le juste milieu entre ces deux identités. Il ne s'agit pas de mêler les deux en les regroupant sous le terme « athlète en situation de handicap ». Nous faisons ici volontairement le *distinguo*. La personne est bien plus complexe et ne se résume pas à être un athlète en situation de handicap. Temporellement, une personne qui pratique du sport à haut niveau concilie ses compétitions et ses entraînements avec sa vie hors de cette pratique, la vie dite « quotidienne ». Un para-athlète organise de la même manière ses compétitions, mais il le fait avec une gestuelle et du matériel souvent spécifiques. Les entraînements sont

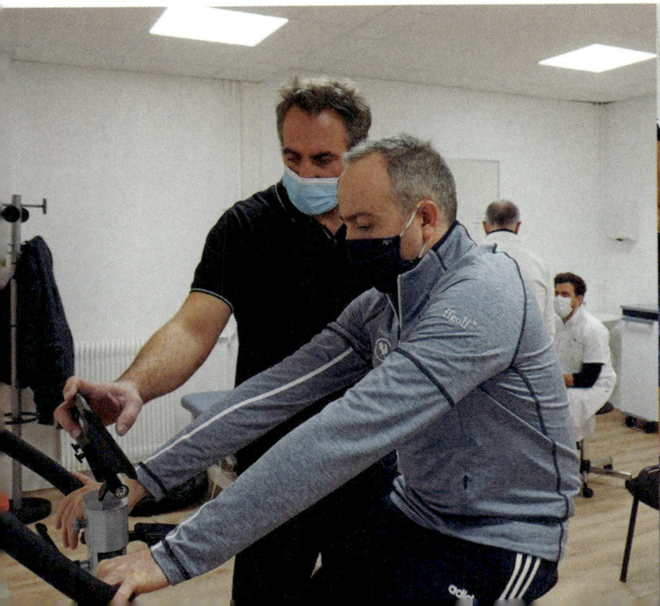

menés en adaptant la charge et le matériel, et le quotidien de la personne en situation de handicap doit être pris en compte. La prophylaxie de la contre-performance a pour objectif d'identifier les spécificités de la personne en situation de handicap qui, dans le cadre d'une pratique à haut niveau, limitent, freinent, voire bloquent sa progression et l'empêchent de réaliser son projet sportif. Ce parti pris de différencier la prophylaxie de la contre-performance de la prophylaxie de la performance vise à établir une relation non équivoque avec le para-athlète. Il est clairement dit que la personne est forte de son handicap et de tout l'historique qui peut y être associé. Mais cette force peut également mettre à mal son projet sportif en raison d'une mauvaise gestion des efforts au quotidien d'une part, et d'un déficit de suivi de son handicap d'autre part. Nous établissons ainsi une relation étroite entre le staff médical et le staff technique. Ce lien permet une collaboration étroite au service de la réussite du projet sportif. Très concrètement, il s'agit d'identifier, pour chaque para-athlète, les spécificités qui peuvent avoir des répercussions à la fois sur la compétition, l'entraînement et la récupération. Nous différencions ces trois éléments, bien qu'ils soient liés chronologiquement. Nous avons, en effet, la compétition au jour J, l'entraînement qui mène au jour J, et le quotidien qui permet de récupérer pour s'entraîner. En fonction du handicap, il est certain que pour ces trois éléments, la gestion de la temporalité de l'état de santé doit être différenciée. Prenons le cas d'un para-athlète blessé médullaire pratiquant une discipline fauteuil (athlétisme, *handbike*, basket, badminton, par exemple). Nous avons à déterminer les éléments qui peuvent influencer sa récupération. Son fauteuil de ville est-il bien réglé ? Les transferts de son fauteuil comme son chargement sont-ils maîtrisés, ou optimisés pour réduire le risque de blessure au niveau des épaules ? À la suite de cette analyse, l'équipe médicale peut proposer des solutions qui, *in fine*, permettent au para-athlète d'arriver à l'entraînement avec un niveau de fatigue tel que l'a envisagé et planifié le staff technique.

Diminuer les risques de contre-performance

La réduction du risque d'une mauvaise récupération permet ainsi au staff technique

> **L'ISPC m'a permis d'acquérir un nouveau dossier corset sur mesure adapté à ma morphologie."**
>
> Claire Franson,
> pratiquante de para-aviron à très haut niveau.

d'enchaîner les séances provoquant une fatigue (mentale, musculaire, métabolique…) en restant dans le cadre de l'objectif d'une surcompensation planifiée selon les échéances sportives. Si la fin de l'entraînement conduit au niveau de fatigue attendu, on peut alors dire que le risque de contre-performance est maîtrisé. Nous comprenons ainsi que l'action de l'équipe médicale n'a pas été de freiner l'entraînement ou de brider le staff technique mais, bien au contraire, de prendre en compte les spécificités du handicap susceptibles de limiter l'effet de l'entraînement. Une collaboration étroite a permis de minimiser ce risque de contre-performance. L'analyse est similaire en ce qui concerne les compétitions. L'équipe médicale vise à respecter l'équilibre entre performance sportive d'un côté et intégrité physique et mentale de l'autre. Dans notre exemple, il peut s'agir d'une réflexion commune avec le staff technique sur les caractéristiques de l'assise et de l'installation du para-athlète blessé médullaire dans son matériel sportif (fauteuil d'athlétisme, de rugby, bateau…). Que l'assise ou l'installation se fasse par l'intermédiaire d'un coussin ou d'une coque pour le para-aviron ou le rugby, qu'il soit nécessaire d'adapter la poignée pour le fauteuil d'escrime ou encore de proposer une attelle de main pour tenir la raquette de tennis de table, toutes ces aides techniques doivent tenir compte de l'efficacité sportive et n'être ni blessantes ni trop contraignantes à court, moyen et long termes pour le para-athlète. Pour chacun de ces exemples, l'équipe médicale ne permet pas d'améliorer les performances, mais de réduire le risque de contre-performance, en ayant une approche individuelle, précise et multidisciplinaire.

La prophylaxie de la contre-performance est un des champs de compétence de l'équipe médicale, qui se met au service du staff technique et du para-athlète afin que son handicap ne limite pas son projet sportif, au fil des trois temporalités : la compétition, l'entraînement et la récupération.

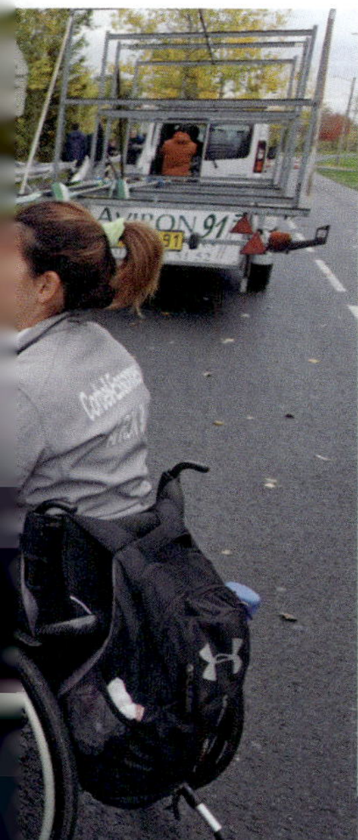

circle

« JM'entraîne », l'application qui fait bouger le handicap

Par Léo Barassin
Enseignant en activité physique adaptée et santé à l'ISPC

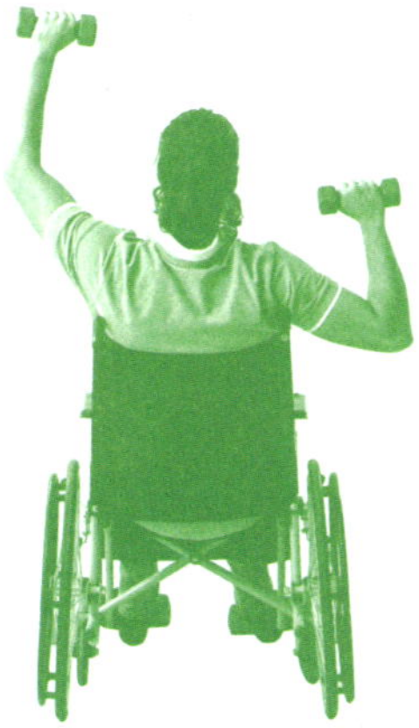

Comment une application d'auto-coaching sportif peut-elle révolutionner la pratique sportive en encourageant un auto-entraînement adapté à chacune des personnes en situation de handicap ? Une aide précieuse pour une pratique du sport et un entraînement personnalisés.

Dans le droit fil de sa mission, l'ISPC a conçu cette application numérique « JM'entraîne » destinée à l'ensemble des personnes en situation de handicap désireuses de reprendre ou de s'initier à une activité physique régulière. Des séances d'expression corporelle, des circuits de randonnées ou même des entraînements de *cross training* seront développés en fonction des envies des utilisateurs. Dans sa première version, « JM'entraîne » comprend le module « Rééduc ». Il permet un auto-entraînement qui intègre les atteintes engendrées par le handicap de l'utilisateur. Grâce à un court questionnaire, des séances adaptées sont générées. Au fur et à mesure, les exercices évoluent afin que l'utilisateur poursuive sa progression. Cet ajustement est possible grâce à une auto-évaluation qui pondère les exercices de la séance suivante en choisissant parmi un répertoire d'environ 200 exercices.

Le défi de mettre en place une activité physique adaptée

Les instances professionnelles et de santé, la littérature scientifique et les expertises demandées par les ministères sont unanimes : la rééducation et l'activité physique régulières et intensives sont recommandées pour les pathologies chroniques (HAS[1], OMS[2], Inserm[3], Sofmer[4]). Néanmoins, face au manque d'offres de prise en charge pour la rééducation et l'accompagnement dans la pratique de l'activité physique adaptée (APA) en phase chronique, les personnes atteintes de pathologies neurologiques chroniques sont confrontées à un suivi rééducatif et à un accompagnement réduits. C'est dans ce contexte que de nombreuses personnes abandonnent toute activité physique. Certaines solutions d'auto-rééducation, apparaissant comme un moyen susceptible de contribuer à cet enjeu majeur de santé publique, ont démontré leur intérêt. Ces programmes, adaptés aux besoins des patients, sont constitués

1. Haute Autorité de santé.
2. Organisation mondiale de la santé.
3. Institut national de la santé et de la recherche médicale.
4. Société française de médecine physique et de réadaptation.

> **« JM'entraîne » permet un auto-entraînement qui intègre les atteintes engendrées par le handicap de l'utilisateur.**

d'exercices sélectionnés par le thérapeute, et qui seront ensuite réalisés en autonomie après un bref apprentissage. Ces dispositifs ont par ailleurs montré une bonne adhésion de la part des personnes atteintes de pathologies neurologiques. Cependant, l'auto-rééducation demeure dépendante des thérapeutes, donc soumise à des contraintes financières fortes. Elle reste aujourd'hui insuffisamment proposée aux patients. Par ailleurs, les applications déjà disponibles n'intégraient pas l'ensemble des handicaps physiques. Ce constat a amené notre équipe à concevoir « JM'entraîne », cet outil numérique d'auto-entraînement destiné aux personnes en situation de handicap moteur d'origine neurologique. L'objectif est d'accompagner ces personnes vers la pratique d'une activité physique adaptée et d'un entretien de leurs capacités motrices, et ce de façon autonome. Le développement de cet outil paraît opportun dans le contexte sanitaire actuel, et fait écho à l'initiative lancée par l'OMS en 2017, « Réadaptation 2030 », qui appelle à développer la réadaptation au niveau mondial.

L'application d'auto-entraînement destiné aux personnes en situation de handicap développée sur mobile.

Des questions pour une auto-évaluation

« Quoi ? », « Comment ? » sont des questions récurrentes posées par les personnes en situation de handicap quand on leur parle de la pratique d'une activité physique. L'application « JM'entraîne » a donc pour but de proposer un auto-entraînement sur mesure !

En effet, après avoir créé un compte, l'utilisateur remplit un court questionnaire sur ses caractéristiques physiques : « Est-ce que je peux bouger ma jambe gauche/droite ? », « Est-ce que je peux tenir debout ? », etc. Il choisit ensuite le type d'entraînement : « Je souhaite entretenir mon endurance pour me déplacer plus longtemps » ou « Je souhaite développer ma force pour faire plus de choses ». Un programme d'entraînement personnalisé est alors généré.

Il s'agit d'un programme de trois semaines comportant deux à trois séances hebdomadaires. Afin de faciliter l'engagement, le temps de la séance est ajustable. La personne pourra donc pratiquer même si elle n'a que peu de temps à y consacrer dans la journée.

Dans l'objectif de rendre les séances les plus ludiques possibles, elles sont organisées sous forme de circuit training. Quatre

« JM'entraîne » se démarque des solutions existantes sur plusieurs aspects : l'universalité, l'accessibilité, l'adaptabilité.

exercices, suivis de pauses, se succèdent. L'utilisateur aura ainsi plus ou moins de circuits à réaliser. Ce format permet de varier les exercices au cours d'une même séance et d'éviter toute lassitude. Par ailleurs, une musique rythmée accompagne les exercices.

À la fin de chaque session, une évaluation subjective permet à l'application de s'ajuster et de garantir ainsi une progression dans la difficulté des exercices.

L'utilisateur peut visualiser ses progrès à tout moment grâce à l'onglet « Statistiques », qui rend compte de l'augmentation de la difficulté sur chacun des groupes musculaires. Cette perception de la progression est primordiale afin de favoriser l'implication de l'utilisateur dans sa pratique.

Conceptualisée par des spécialistes, « JM'entraîne » se démarque des solutions existantes sur plusieurs aspects : l'universalité, l'accessibilité, l'adaptabilité. L'application n'est toutefois pas un dispositif médical, car elle ne collecte pas systématiquement les données renseignées par les usagers. Son usage est par ailleurs promu et évalué par trois associations majeures du monde du handicap : l'APF France handicap, l'Association de défense et d'études des personnes amputées (Adepa), l'association Point carré handicap des patients de l'hôpital de Garches et la Fédération africaine des techniciens orthoprothésistes (Fato) dans cinq pays francophones pilotes (la Côte d'Ivoire, la RDC, le Rwanda, le Sénégal et le Togo).

Posture d'entraînement pour l'application « JM'entraîne ».

Bien consciente que l'entraînement musculaire en soi n'est pas du goût de tous, l'équipe de « JM'entraîne » travaille pour proposer différentes formes d'activité physique afin d'offrir à chaque utilisateur une chance d'identifier l'activité qui lui convient. Dans sa version définitive, l'application pourra donc proposer des exercices d'expression corporelle, des programmes de randonnées et couvrir bien d'autres activités.

JM'entraîne
Rééduc'

Parasport, une pratique sportive réinventée

Certains sports ont été inventés ou adaptés pour la pratique sportive des personnes en situation de handicap. Ces sports peuvent être ouverts aux valides qui souhaitent s'y essayer quand il est possible de les mettre dans les mêmes conditions que les pratiquants handisport, par exemple en leur bandant les yeux.

• Boccia

D'après le site du handisport français, la boccia est un sport d'opposition de balles mixtes, pratiqué en individuel ou par équipe. La boccia s'apparente à de la pétanque jouée en intérieur avec des balles en cuir. Pratiquée uniquement en fauteuil roulant, cette pratique sportive nécessite de la précision et un contrôle musculaire important. Il est possible de faire appel à un assistant et, si besoin, à une rampe. Les personnes dont la mobilité des membres supérieurs est particulièrement limitée peuvent tout de même pratiquer cette activité jusqu'au niveau international.

• Showdown

Cette pratique est un mélange entre air-hockey et tennis de table. Le but du jeu est d'envoyer une balle sonore puis de poursuivre l'échange en renvoyant cette dernière à l'aide d'une raquette. On marque un but qui vaut 2 points si l'adversaire ne l'arrête pas avec son gant ou sa raquette. Les matchs se déroulent en sets, chaque set en 11 points. Un bandeau occultant étant obligatoire, les « valides » peuvent aussi participer.

• Cécifoot / Foot adapté / Goalball / Torball

Le cécifoot, le goalball et le torball sont des disciplines conçues pour les personnes atteintes de déficience visuelle. Le foot adapté, pour sa part, a été imaginé pour les personnes avec une déficience mentale. Le cécifoot et le foot adapté sont des pratiques qui suivent une grande partie des règles de la FIFA, mais en y intégrant des aménagements liés au handicap concerné. Pour ce qui est du goalball et du torball, même si ces parasports se ressemblent au premier abord, leurs règles sont bien différentes : le goalball se pratique sur un terrain de dix-huit mètres par neuf mètres, avec des lignes tactiles d'orientation. La partie est divisée en deux mi-temps de sept minutes et le ballon doit rebondir deux fois avant d'être lancé. Le torball quant à lui se pratique sur un terrain de seize mètres sur sept, composé de tapis permettant aux joueurs de s'orienter. La durée du jeu est de deux fois cinq minutes et les lancés sont comptabilisés quand le ballon passe sous des ficelles sonores.

Kevin Therenty & Cytisco

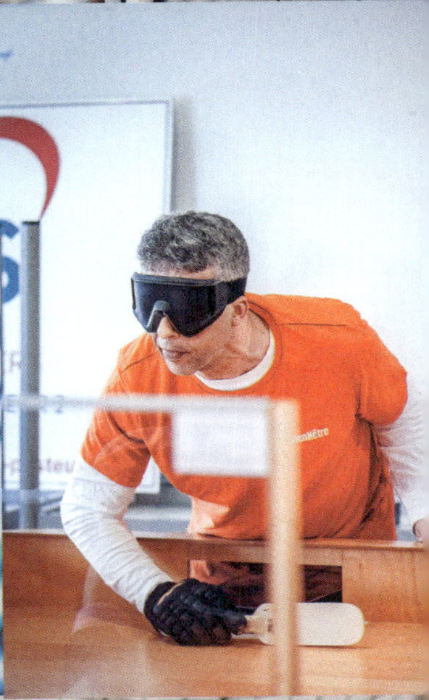

NIKE PRO

Pratique d'activité physique ou sportive par les personnes en situation de handicap : la question de l'accessibilité

Par Constance Amelon-Petit
Docteur de médecine physique et de réadaptation

La coordinatrice médicale de l'ISPC dresse un inventaire des questions d'accessibilité concrètes et quotidiennes auxquelles sont confrontées les personnes en situation de handicap désireuses de pratiquer une activité physique. Elle tente d'y répondre de façon originale, entourée d'une équipe pluridisciplinaire

Il existe plusieurs facteurs qui empêchent ou limitent la pratique d'une activité physique ou sportive. Certains sont propres à la personne en situation de handicap : l'acceptation du handicap, la méconnaissance de ses capacités physiques, la crainte de ne pas pratiquer en sécurité, la crainte du regard des autres. D'autres sont en lien avec la difficulté d'accès à une offre sportive adaptée : le manque d'une autorisation médicale pour pratiquer, le manque d'informations et d'offres, le manque d'accompagnement des staffs techniques qui peuvent craindre de prendre en charge des personnes en situation de handicap, le manque de formation des enseignants et des entraîneurs, le manque de matériel spécifique, et aussi un milieu parasportif parfois compliqué à aborder. D'autres facteurs, enfin, viennent des problèmes de financement des dispositifs médicaux spécifiques, de l'accompagnement humain et du manque de lieux d'accueil adaptés, de la faible accessibilité des transports en général et des lieux de pratiques, en particulier pour les personnes à mobilité réduite (PMR)… Mais l'obstacle le plus fort reste certainement le fossé qui existe entre le monde du sport et le monde du handicap, trop souvent considérés comme incompatibles.

Il est donc nécessaire de combler ce fossé et de lutter contre ces représentations afin d'accompagner les personnes en situation de handicap dans leur projet de pratique sportive.

Dans le monde sportif, il existe pourtant de nombreux acteurs motivés et engagés dans le développement de la pratique parasportive.

Dans le monde sportif, il existe pourtant de nombreux acteurs motivés et engagés dans le développement de la pratique parasportive. On rencontre de nombreux projets et idées dans le but de favoriser la pratique de loisir et de compétition pour les personnes en situation de handicap. Malgré tout, demeure une vraie difficulté à avancer.

Une évaluation de chaque handicap

La grande majorité des personnes en situation de handicap sont prises en charge à un moment de leur parcours de vie, et de leur parcours de soins, par une équipe de Médecine physique et de réadaptation (MPR). Cette prise en charge devrait certainement s'accompagner davantage de la mise en place d'une pratique sportive adaptée.

Les services/unités/centres de MPR assurent la mise en application de toutes les mesures visant à prévenir ou à réduire les conséquences fonctionnelles physiques, psychologiques, sociales et économiques des déficiences et des incapacités. Le médecin de MPR travaille donc en équipe et coordonne les professionnels de santé qui interviennent dans le parcours médical mais aussi de soins, de rééducation et de réadaptation des personnes. Cette spécialité est orientée vers la récupération de capacités fonctionnelles et d'une qualité de vie des patients atteints d'un handicap, qu'il soit congénital ou acquis, à cause d'un accident par exemple. L'équipe s'adapte et intègre dans sa prise en charge la singularité de chaque personne. Après un accident de vie ou lorsqu'on grandit avec un handicap, il est nécessaire d'être accompagné dans son projet de vie.

Et lorsque l'on construit ou reconstruit un projet de vie, tous les aspects doivent être envisagés : le travail ou la scolarité, les transferts, le sommeil, la toilette, l'alimentation, les déplacements en intérieur et en

> **Je souhaite voir dans quelles conditions mon organisme me permet de mener une activité physique."**
>
> Angel Luri, retraité.

extérieur, les aides humaines, les installations, les appareillages... Pour chaque acte de la vie quotidienne, en fonction du handicap, chaque besoin sera listé afin de mettre en place ce qui est nécessaire pour accompagner au mieux la personne dans sa vie de tous les jours.

Dans ce contexte à la fois complexe et contraint, le projet autour de la pratique d'activités physiques est rarement prioritaire, ce qui est paradoxal puisque l'on constate que, pendant les phases de rééducation, l'activité physique est au contraire essentielle. Et on observe souvent qu'une fois qu'elles ont quitté les couloirs plats et lisses des centres de rééducation, les personnes en situation de handicap ne pratiquent plus aucune activité physique.

Alors comment créer le lien entre le monde médical et le monde du sport. Existe-t-il une porte d'entrée médicale vers un accès à la pratique ?

Au-delà de la rééducation, promouvoir l'activité physique

Depuis plusieurs années, les définitions du sport santé et de l'activité physique adaptée ont été promues. L'univers de la rééducation s'intéresse de plus en plus à la plus-value qu'apportent les enseignants en activité physique adaptées (EAPA) dans la prise en charge des patients en rééducation. S'ils ne sont encore pas reconnus comme professionnels de santé, ils possèdent cependant une formation en sport et une connaissance développée des pathologies et des situations de handicap. Ils jouent ainsi légitimement un rôle d'interface entre la médecine et le sport. Par ailleurs, le fait que la médecine considère désormais l'activité physique comme un traitement non médicamenteux permettant une prévention primaire, secondaire et tertiaire offre aussi aux personnes en situation de handicap un nouvel argument en faveur d'une accessibilité à la pratique nécessaire pour tous. La coopération pluridisciplinaire s'impose au médecin de MPR s'il souhaite accompagner de façon appropriée la personne en situation de handicap désireuse de pratiquer une activité physique.

En effet, comment proposer à la personne qui vient consulter le projet qui lui correspondra le mieux? Comment faire pour qu'elle s'épanouisse dans une pratique qu'elle aura choisie ? Comment la rassurer dans sa pratique ? Comment faire pour que l'équipe encadrante la prenne en charge correctement et en toute sécurité ? Comment être certain que l'installation ou l'appareillage soit conforme à la pratique et à l'état de santé de la personne ? Comment faire se rencontrer les personnes et les associations et clubs adéquats et surtout comment s'assurer de la compatibilité du projet ? Enfin, comment faire en sorte que l'activité physique et sportive soit partie intégrante du parcours de vie des personnes en situation de handicap ?

Pour répondre à toutes ces questions, nous développons un service dédié au mouvement, à l'activité physique et au sport pour les individus en situation de handicap.

Le projet autour de la pratique d'activité physique est rarement prioritaire, ce qui est paradoxal puisque l'on constate que, pendant les phases de rééducation, l'activité physique est au contraire essentielle.

Pour les enfants comme pour les adultes, et quel que soit le handicap, on prendra le soin d'élaborer un projet d'activité physique ou sportive qui convienne à chacun et on veillera à l'accompagner jusqu'à une pratique effective, pas seulement à un évènement ponctuel ni une découverte d'une activité donnée.

L'Unité parasport santé se développe à l'hôpital Raymond-Poincaré à Garches avec pour ambition de mettre toute l'expertise des bilans, des prises en charge et des recommandations de la médecine physique et de réadaptation au service du projet d'activité physique et sportive de chaque patient.

Malgré la volonté d'accompagner au mieux les personnes en situation de handicap, certaines limites persistent si rien n'est proposé pour soulager le surcoût financier de l'activité physique ou sportive dû à la nécessité d'un accompagnement humain plus individualisé, d'un appareillage adapté ou d'une installation spécifique.

Mettre en œuvre l'activité physique ou proposer un accompagnement pour continuer une pratique sportive en toute sécurité est un investissement sur le long terme. La mobilisation des moyens proposés aujourd'hui doit être analysée comme une économie pour demain. L'activité physique, et tous les bienfaits qu'on lui connaît, doit développer un ensemble de bonnes pratiques qui font que les bénéfices attendus doivent être supérieurs aux risques encourus (et qui sont dus à un accompagnement insuffisant, un appareillage inadapté, une mauvaise installation, une information défaillante...).

Ces adaptations nécessaires doivent être prises en compte par notre système de santé, de manière à éviter de priver une partie de la population de la pratique d'une activité sportive. Il s'agit d'améliorer l'accessibilité afin de compenser un déficit d'accès à la pratique, sans imposer une rentabilité économique immédiate, mais au contraire en misant, comme c'est le cas dans toute prévention, sur des bénéfices à long terme.

Une approche individualisée

Le projet porté par l'Institut de santé parasport connecté nous offre la possibilité de penser et de développer cet accompagnement jusque sur le lieu d'exercice, jusqu'à la pratique régulière d'une activité choisie dans un lieu choisi, et au moment voulu par chaque personne en situation de handicap, enfant ou adulte.

C'est en tout cas l'aspiration un peu folle de l'Unité parasport santé de l'hôpital Raymond-Poincaré portée par l'ISPC, grâce à l'aide de nombreux partenaires privés et publics qui ont compris l'intérêt de la démarche et apprécié l'ambition de notre équipe.

À terme, un financement pérenne devra être trouvé. Il permettra de dupliquer ce modèle au niveau national afin de proposer cet accompagnement individuel à toutes les personnes en situation de handicap, avec l'objectif d'une meilleure santé évidemment, mais aussi avec l'objectif du gain ou du maintien de l'autonomie, d'un épanouissement personnel et surtout d'une équité dans l'accès à cet accompagnement ! C'est donc pour essayer de lever toutes les entraves à la pratique d'un sport que l'Unité parasport santé se développe.

Le parcours de chaque personne commence dans notre service par une première consultation pluridisciplinaire, c'est-à-dire en présence d'un médecin de MPR, d'un enseignant en activité physique adaptée, d'un kinésithérapeute, d'un ergothérapeute et d'un ingénieur en biomécanique.

Après un entretien clinique assez classique de médecine, où nous nous intéressons aux antécédents médicaux, aux traitements pris, aux problématiques du quotidien, aux installations (fauteuil), aux appareillages (prothèses, orthèses, aides techniques), nous avons un temps d'échange long et spécifique portant sur le projet d'activité physique et sportive.

Que la personne soit un enfant ou un adulte, qu'elle arrive avec une idée précise ou pas du tout, qu'elle pratique déjà en loisir ou non, ou qu'elle pratique un sport de compétition, nous prenons le temps de réfléchir et de comprendre ce qui peut faire obstacle à son projet. Cet échange nous permet de dessiner un parcours individualisé, élaboré grâce à une série de bilans, et en s'attardant toujours impérativement sur la mise en place d'une pratique en toute sécurité.

Grâce aux compétences des enseignants en activité physique adaptée, des bilans de condition physique sont proposés. Ils offrent à chacun la possibilité de mesurer ses capacités sans se focaliser sur ses limitations fonctionnelles. En réalisant des tests physiques et de souplesse, les personnes évaluent ce qu'elles sont capables de faire. De notre côté, cela nous permet de réfléchir au mieux à l'orientation à donner à leur projet, quel que soit le niveau de pratique. Par ailleurs, la multidisciplinarité rend possible l'identification de points de vigilance concernant les adaptations nécessaires, la technique du geste sportif, les appareillages, etc.

Des bilans réalisés lors de la mise en pratique choisie par les personnes sont proposés. Ils permettent de réfléchir aux adaptations nécessaires, à la technique du geste sportif en lien avec leur situation de handicap ainsi qu'aux appareillages nécessaires pour une pratique adaptée et en sécurité, quel que soit le niveau de pratique.

Des appareillages adaptés

Les bilans d'appareillage sont réalisés pour échanger avec les orthoprothésistes, toujours dans l'optique d'adapter au mieux chaque équipement au projet de la personne. Par

exemple, les prothèses externes sont étudiées pour aider la personne à se déplacer sur un terrain plat. Mais elles doivent aussi répondre à une pratique d'activité physique de marche rapide, de course, de changement brusque de direction, d'appuis et contre-appuis ou de déplacement, et ce sur des terrains variés. Les installations relatives à l'assise sont le plus souvent étudiées pour un usage statique sur un plan plat. Elles peuvent ne pas être suffisamment protectrices dans le cadre d'une activité physique susceptible de mettre la personne en danger (par exemple de créer des lésions cutanées...). Quant aux fauteuils de ville pour lesquels l'activité physique et le sport nécessitent trop d'adaptations, il est nécessaire de les adapter en condition de pratiques pour garantir des réglages appropriés.

À propos des parasportifs déjà expérimentés, ceux qui, pour certains, pratiquent un sport en compétition de façon intensive et quotidienne, nous portons une attention particulière à la prévention de la contre-performance. Cela consiste à prendre en compte le handicap et les antécédents médicaux des athlètes en situation de handicap afin de prévenir les complications possibles qui risqueraient d'entraver la pratique, de minorer la performance ou plus simplement de mettre un terme aux entraînements.

Ce projet est une aventure pour toutes les personnes impliquées et pour toutes celles qui viennent nous consulter. Simples ou complexes, chaque prise en charge et chaque accompagnement sont nécessairement individualisés et personnalisés. De manière pluridisciplinaire et collégiale, toute notre action est tournée vers l'identification des limites de chacun, avec l'ambition de les dépasser une à une, ensemble, en collaboration avec la personne concernée.

La recherche sur le handicap profite toujours à la population générale

Par Vincent Carpentier,
Docteur de médecine physique et de réadaptation

L'inventaire des pistes actuelles de recherche autour de l'activité physique des personnes en situation de handicap fait état d'un bilan contrasté. Encore peu nombreuses, elles profitent pourtant à l'ensemble de la population générale et offrent un beau potentiel de répercussions.

Quelle est la finalité de la recherche scientifique ? La recherche peut avoir pour objectif la quête d'une solution directement applicable au sein de la société, ou bien l'étude d'un phénomène en vue de sa compréhension. Dans ce cas, le retentissement de la recherche ne peut pas être quantifié, et dépend de l'appropriation que fera la société d'une thématique donnée. Le choix d'une recherche sur le handicap souligne l'importance de l'engagement de l'individu ou de l'institution qui doivent alors composer avec ses caractéristiques : une singularité qui est propre à chaque personne en situation de handicap et à l'universalité de problématiques à replacer dans le contexte où le sujet de la recherche est placé. Être petit est une situation potentielle de handicap à laquelle chacun de nous peut être confronté, en fonction du contexte situationnel. Orienter sa recherche sur le handicap, c'est à la fois explorer des solutions pour des cas singuliers, mais c'est aussi avoir un regard particulier sur une situation qui peut permettre la compréhension d'un phénomène global, une compréhension qui peut profiter à tous.

De nombreuses innovations pour répondre à une situation de handicap

Comment être convaincu de ce constat ? Pourquoi le clavier, la brosse à dents électrique ou les logiciels de reconnaissance vocale, par exemple, ont-ils été développés ? La machine à écrire fut conçue en premier lieu en 1608 par l'inventeur italien Pellegrino Turri afin de permettre à son amie la comtesse Carolina Fantoni da Fivizzano de rédiger ses courriers malgré sa cécité. La machine à écrire a depuis évolué en clavier d'ordinateur, puis en clavier de téléphone, deux outils actuellement utilisés par une grande partie de la population. La brosse à dents électrique a, quant à elle, été créée en 1954 pour aider les personnes ayant une capacité fonctionnelle réduite à se brosser les dents, mais cette invention est devenue petit à petit un outil de référence en faveur de l'hygiène et de la prévention primaire de multiples maladies. De récentes études ont illustré que les personnes qui utilisaient des brosses à dents électriques avaient moins de caries, moins de pathologies des gencives et gardaient leurs dents plus longtemps. De même, la technologie permettant la conversion de la parole en texte

“

L’apport de l’ISPC dépasse le cadre sportif car ce suivi a amélioré mon quotidien et m’ouvre de nombreuses portes, y compris sur le plan professionnel.”

Claire Franson, pratiquante de para-aviron à très haut niveau.

a été développée dans les années 1990 pour offrir aux personnes qui ne pouvaient pas écrire la possibilité de créer des documents écrits à l’aide de leur voix. Quelques années après, ces outils d’écriture automatiques ont été mis au service des personnes qui travaillaient dans les tribunaux ou dans des structures de santé. Aujourd’hui, la reconnaissance vocale s’est très largement diffusée dans les téléphones, les systèmes de navigation, de divertissement, et dans de nombreux appareillages de domotique du quotidien.

Les avancées de la recherche biomédicale au service du handicap

De la même façon que la recherche appliquée peut avoir un retentissement plus large que celui initialement envisagé, la recherche biomédicale sur les personnes en situation de handicap a des retombées bénéfiques sur l’ensemble de la population. L’identification des mécanismes des pathologies est souvent un prérequis pour le développement de thérapeutiques spécifiques. Les dernières décennies ont été marquées par l’accroissement de nos connaissances biomédicales, ce qui a été rendu en partie possible par l’étude de la génétique. La compréhension des relations entre le génome, la composition de notre information génétique contenue dans notre ADN et le phénotype, l’ensemble des traits observables d’un individu, nous a permis d’identifier les causes et les mécanismes de nombreuses maladies. Par ricochet, de nouveaux traitements dans des domaines tels que l’oncologie ou l’immunité ont été développés. Ces études se sont appuyées la plupart du temps sur des maladies rares qui ont la particularité d’avoir un mécanisme pathogène unique, facilitant la compréhension de la relation entre le génotype et le phénotype. De façon similaire, centrer une recherche sur le handicap, c’est pouvoir bénéficier d’une situation singulière qui permet d’étudier dans ce cas la relation entre les traits phénotypiques d’un individu et ses capacités fonctionnelles au sein de son environnement. C’est en cela que le handicap peut enrichir nos connaissances biomédicales : il est l’un des contextes de recherche les plus adaptés pour élucider les relations entre le phénotype et la fonction.

Ces recherches qui profitent à tous

L’appareillage orthopédique et la prévention des fractures sont deux exemples de

Orienter sa recherche sur le handicap peut permettre la compréhension d’un phénomène global, une compréhension qui peut profiter à tous.

> Le sport, c'est tout, c'est un bien-être social, psychologique, professionnel, physique..."

Johann Birée, para-athlète de très haut niveau.

thématiques de recherche qui ont été enrichies par l'étude de l'activité physique des personnes en situation de handicap et qui ont très largement profité à l'ensemble de la population. L'appareillage orthopédique, notamment les orthèses, des dispositifs externes comblant une fonction locomotrice déficiente, et les prothèses, des appareillages compensant un segment de membre manquant, s'est significativement développé au XXe siècle dans un contexte où la pandémie de poliomyélite avait entraîné des séquelles musculaires handicapantes chez plusieurs millions de personnes. Les connaissances en technologies et en sciences des matériaux s'en sont trouvées révolutionnées. Durant cette période où les orthèses et les prothèses se sont progressivement améliorées, l'activité physique a été au centre du cahier des charges d'un grand nombre

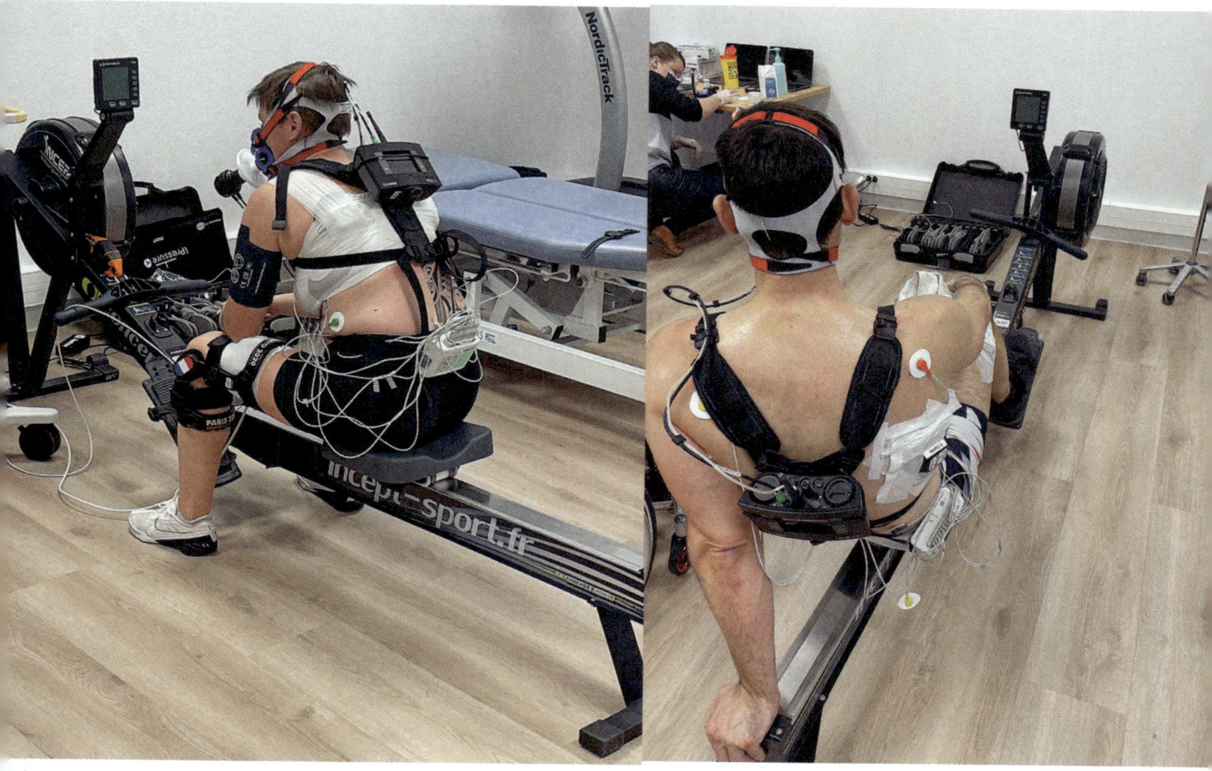

Prises de mesures sur rameurs lors de la réalisation de tests d'effort à l'ISPC.

L'étude des personnes en situation de handicap neuro-locomoteur pratiquant une activité physique a permis de comprendre le mécanisme de mécano-transduction osseuse.

d'appareillages. Ce contexte particulier a permis la compréhension de mécanismes biomécaniques expliquant un grand nombre de relations entre le phénotype et la fonction. La prothèse, avec des dispositifs de dernier cri, notamment celle avec une lame en carbone qui restitue l'énergie pour la pratique de la course, est devenu un symbole du handicap participatif au sein de notre société, jusqu'à être au centre de publicités grand public pour des marques non dédiées au handicap. Toute l'expérience développée dans la fabrication de ces appareillages orthopédiques s'est progressivement diffusée à la robotique et à l'ingénierie des exosquelettes : nous les voyons maintenant apparaître au sein de notre société dans le monde du travail, par exemple pour faciliter le port de charges et diminuer les pathologies musculosquelettiques.

Prises de mesures sur ergomètre à bras et sur rameur réalisées à l'ISPC dans le cadre de tests d'effort.

La fracture d'un os au cours du vieillissement est l'une des principales causes de handicap, ou de surhandicap, et a de nombreuses répercussions sur l'environnement d'une personne. Les conséquences peuvent aller jusqu'à rendre nécessaire un changement du lieu de résidence. Les os sont en perpétuel renouvellement au cours de la vie grâce au phénomène de remodelage osseux, alternant résorption et apposition osseuse. La contrainte mécanique appliquée sur les os, elle-même directement liée à la fonction de l'organisme – la marche par exemple –, est le principal régulateur du remodelage osseux. L'étude des personnes en situation de handicap neuro-locomoteur pratiquant une activité physique a participer à la compréhension du mécanisme de mécano-transduction osseuse. Ces aménagements s'appliquent à des situations où la contrainte mécanique est diminuée ou quasi nulle, par exemple lorsqu'une personne avec des séquelles de poliomyélite a une marche altérée, ou lorsqu'un patient paraplégique n'utilise plus ses jambes pour se déplacer, mais aussi quand la contrainte mécanique est majorée, par exemple si la personne pratique une activité physique régulière ou intense. La compréhension de la mécano-transduction osseuse, grâce à la génétique et à l'étude du retentissement de l'activité physique et de

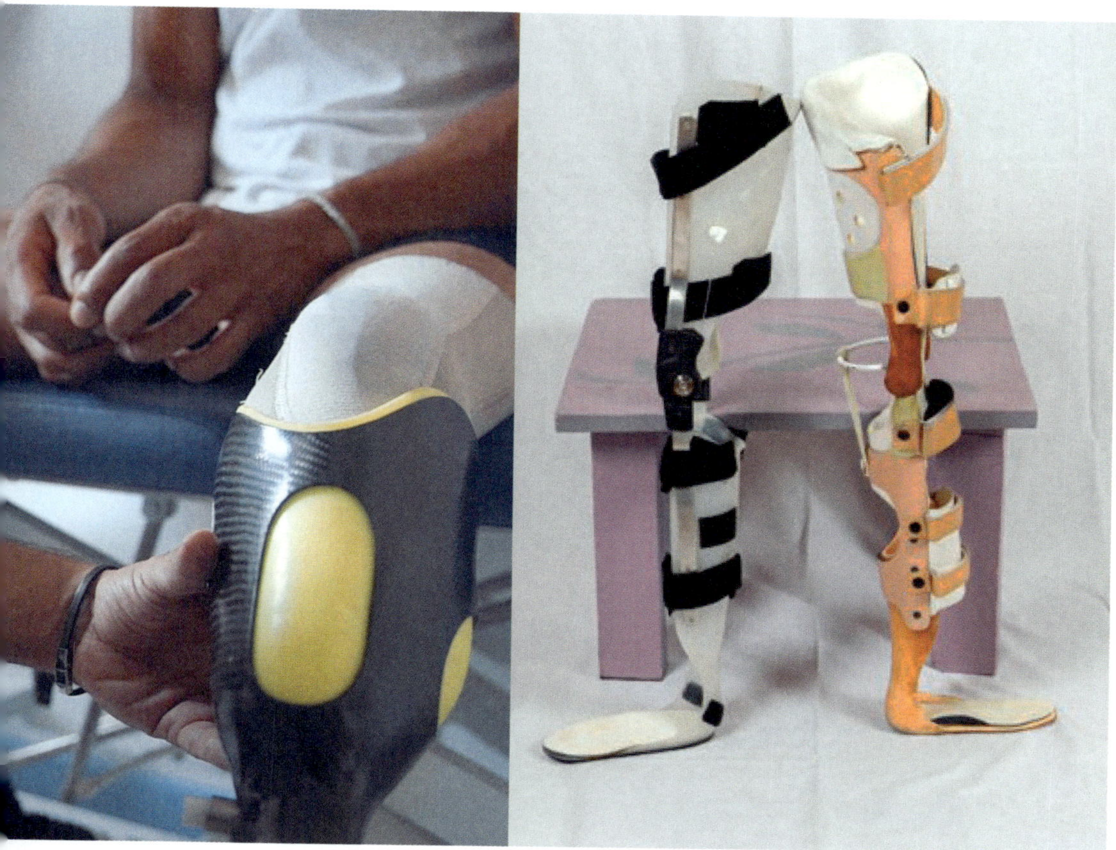

De gauche à droite : exemples d'appareillages avec une prothèse tibiale et deux orthèses.

situations de handicap sur l'organisme humain, a permis de développer un nouveau type de médicament contre l'ostéoporose, et de diminuer par conséquent le nombre de fractures au sein de la population. De façon similaire, il est possible d'envisager que des situations de handicap telles qu'une amputation de membre, ou une paraplégie, dans un contexte de situation d'activité physique, puissent nous en apprendre davantage sur la régulation de la température corporelle. La compréhension de cette régulation permettrait donc non seulement de mieux comprendre le retentissement de ces handicaps et d'améliorer la performance physique d'un organisme lors d'un effort sportif extrême, mais également de mieux comprendre des situations pathologiques telles que le sepsis ou certaines maladies endocriniennes.

En conclusion, la recherche autour de l'activité physique des personnes en situation de handicap est une illustration du « *curb-cut effect* », un concept défini par l'avocate et défenseuse des droits civiques Angela Glover Blackwell dans les années 2010. Ce concept, référence aux bateaux de trottoir (*curb-cuts*) facilitant l'accès aux utilisateurs de fauteuils roulants, montre que cette installation est devenue universelle. Elle a finalement amélioré la sécurité et la mobilité de tous.

S'il veut être attractif, le parasport doit demeurer une activité physique ludique où le jeu et la détente doivent être au rendez-vous.

FRANCE
EDF
FRANCE

EXPERTS

Espace dédié aux points de vue complémentaires et aux retours d'expériences, la rubrique « Experts » tient ses promesses : vous allez y découvrir la relation d'expériences et d'expertises variées et toujours enrichissantes. Qu'il s'agisse, pour le haut niveau sportif, du récit du chef de la délégation médicale des Jeux paralympiques de Tokyo 2020, de celui de l'entraîneur national de la Fédération handisport ou pour le sport-loisir des expériences de l'association APF France handicap ou encore de celles du groupe AG2R La Mondiale, ces témoignages offrent des regards divers sur ce que signifie la pratique d'un sport, quelle que soit son intensité, pour une personne en situation de handicap.

Pourquoi le haut niveau des para-athlètes nécessite-t-il un suivi médical rigoureux ?

Par Arnaud Litou
Manager de la haute performance paralympique à l'Agence nationale du sport

La performance des para-athlètes dépend en grande partie d'un suivi médical adapté. Cette prise de conscience a permis la mise en place d'actions pluridisciplinaires et a fait du suivi médical une priorité de l'Agence nationale du sport.

Une nouvelle stratégie paralympique française

Il faut tout d'abord se pencher sur la genèse de l'Agence nationale du sport (ANS), créée en avril 2019. En janvier 2018, une équipe de préfiguration a été mise en place sous la direction de Claude Onesta. À la demande de la ministre des Sports, Mme Laura Flessel, cette équipe a publié un rapport sur la situation du sport de haute performance français.

Cet état des lieux et l'analyse de la concurrence ont mené à proposer un nouveau modèle pour le sport français et à établir une stratégie appelée « Ambition bleue ».

Concernant le champ paralympique, le premier constat a été le manque de soutien de l'État en termes humain et financier. Un différentiel de soutien avec un ratio de 1 à 15 entre le paralympisme et l'olympisme a été noté : une situation indécente pour un pays riche comme la France, qui prône des valeurs d'égalité et de fraternité.

« Ambition bleue » a été l'occasion de mettre au point la toute première stratégie paralympique française de l'histoire, après soixante ans d'existence du mouvement paralympique sur la scène internationale et face à une concurrence fortement professionnalisée depuis plus de vingt ans. Les résultats aux Jeux d'été depuis Sydney en 2000 ont vu la France perdre entre 10 et 20 médailles par cycle quadriennal. L'objectif de l'Agence a été de juguler cette chute de performance et de professionnaliser le mouvement.

Pour ce faire, elle mise sur l'écosystème des athlètes et de leurs entraîneurs, dans l'accompagnement des fédérations sportives françaises afin de structurer et cadrer le dialogue de gestion. Le renforcement des ressources, qui auront presque quadruplé de 2017 à 2022, permet aux fédérations d'organiser un meilleur suivi des conditions de préparation au quotidien et un renforcement des sciences du sport dans leurs projets sportifs de haute performance.

En effet, les entraîneurs n'entraînent pas le handicap mais les athlètes. Cependant, il leur faut pleinement prendre en considération les diverses pathologies, de manière à bien adapter et à individualiser les projets sportifs à l'aune de la singularité des athlètes paralympiques.

L'enjeu principal des sportifs et de leurs entraîneurs, dans la conduite d'un projet de haute performance, est de maîtriser les éléments qui peuvent l'être. Pour cela, les experts médicaux et des sciences du sport permettent d'éclairer ce qui caractérise un athlète et d'analyser sa réponse au régime de préparation qui lui est prescrit. Pour faire écho à cet enjeu, une question résume parfaitement le challenge auquel fait face chaque entraîneur : « Dans quelle mesure connaissez-vous votre athlète ? »

Les entraîneurs n'entraînent pas le handicap mais les athlètes. Cependant, il leur faut pleinement prendre en considération les diverses pathologies.

Une mobilisation pluridisciplinaire

Des projets de recherche paralympique ont permis de mettre en lien différents laboratoires qui collaborent dans une approche interdisciplinaire. Le champ médical a pleinement sa place au sein de ce réseau.

L'Agence a été un des premiers partenaires à s'engager auprès de l'ISPC qui, avec le projet de recherche Paraperf, a démontré la nécessité de rapprocher les milieux de la santé et du sport, qui avaient jusqu'alors tendance à s'opposer plutôt qu'à collaborer.

La méthodologie mise en place par les équipes pluridisciplinaires, fondée sur la médecine préventive et la médecine de réadaptation, a établi des bilans de santé et de capacité. Le travail d'une équipe mobile, au moyen de la convention avec l'Agence, a complété la démarche en identifiant les facteurs de risques et de vigilance propres à chaque individu en situation de handicap, dans

sa discipline, au sein de sa classe sportive, et ce en lien avec les gestes sportifs à réaliser.

Cette expertise est également mobilisée à juste titre dans le champ de l'innovation. Des partenariats ont ainsi été noués avec Airbus pour personnaliser et pour optimiser le matériel utilisé par les sportifs paralympiques de haut niveau et par leurs entraîneurs. L'implication active des équipes médicales permet en outre de constater l'optimisation de la performance et d'assurer l'intégrité de la santé des patients-athlètes.

Des actions de fond en perspective

Cette démarche nouvelle et ces collaborations renforcées soulèvent des enjeux connexes dans le champ juridique, et sur lesquels nous travaillons étroitement, par exemple une surveillance médicale réglementaire régie par le Code du sport, sous la responsabilité du ministère des Sports.

Entre les Jeux paralympiques d'été 2016 et 2020, le nombre d'athlètes ayant des problèmes de santé a largement diminué grâce à une démarche proactive de réalisation de bilans de santé avec les sportifs sélectionnés, voire, pour ceux impliqués dans le projet Paraperf, des bilans en hôpital de jour ou réalisés par l'équipe mobile. Nombre des enjeux soulevés lors de ces suivis médicaux ne relevaient pas nécessairement des soins de suite et de réadaptation mais du suivi de santé de base pris en charge par la Sécurité sociale comme pour tout patient en situation de handicap.

Une nouvelle matrice de suivi de santé portée par la Sofmer et le ministère des Sports va encore accentuer l'évolution des soins médicaux et de réadaptation, en la déclinant selon les familles de handicaps, mais aussi en éditant une matrice des suivis préalables indispensables. Cette évolution renforce la responsabilité des acteurs du sport vis-à-vis des athlètes en situation de handicap.

Finalement, la transmission des savoirs dans le but de faire évoluer les savoir-faire passe aussi par une transmission, non seulement des principes d'interdisciplinarité, mais aussi par l'évolution des formations autour des divers corps de métiers impliqués dans le soutien des sportifs de haut niveau comme dans celui des pratiquants amateurs.

Les réseaux devront être plus largement mobilisés sur les territoires, au plus proche des athlètes et de leurs entraîneurs.

C'est la raison pour laquelle un diplôme interuniversitaire est d'ailleurs en cours de développement, avec comme porteur de projet l'université des sciences de Toulon, sous la direction d'Arnaud Serge Faupin, ainsi que par l'université de médecine de Saint-Quentin-en-Yvelines, sous la conduite du professeur François Genêt.

Ces travaux sur le cursus universitaire font également écho aux besoins de modules de formation de l'École des cadres qui reprendra les supports pour les mettre à disposition des cadres d'État et soutenir ainsi leur développement professionnel. Toutefois, quels que soient les dispositifs, l'entraîneur et son statut, la question de fond reste : « Connaissez-vous les athlètes que vous accompagnez ? »

La santé des athlètes au cœur des performances

Les suivis de santé, la SMR et l'innovation sont autant de domaines où la médecine nourrit les connaissances des athlètes et des entraîneurs sur les adaptations raisonnables et raisonnées de leur projet sportif, que ce soit les adaptations de la charge de travail interne et externe, l'individualisation de la préparation physique – en prenant en compte les équipements disponibles et l'asymétrie pour le handicap moteur –, et finalement les méthodologies de récupération les plus pertinentes. D'ailleurs, l'Institut national du sport, de l'expertise et de la performance (Insep) et les Creps régionaux sont aussi engagés dans leur montée en compétences et s'appuient sur des équipes médicales spécialisées dans le handicap.

Ce sont autant de raisons qui justifient un suivi médical rigoureux des athlètes paralympiques. Le même principe peut s'appliquer à tous les pratiquants. De ce fait, les réseaux devront être plus largement mobilisés sur les territoires, au plus proche des athlètes et de leurs entraîneurs, comme le fait l'Agence avec ses Maisons régionales de la performance.

L'Agence nationale du sport tient à sincèrement remercier l'ensemble des acteurs du milieu médical engagés auprès des fédérations et des établissements publics (Creps, Insep) dans le but de porter en co-responsabilité les enjeux de performance qui se doivent d'assurer la santé et l'intégrité des athlètes, au moyen d'une réponse sur mesure qui respecte la singularité de chacune et de chacun.

« Pour construire un village, il faut un monde. »

33

BOURSEAU
FRA
527

EDF

Sport : l'assurance santé

Par Tristan Hauck,
Directeur des partenariats au sein de la Direction des activités sociales d'AG2R La Mondiale, sponsor de la thématique « Handicap », et Éric Sanchez, directeur des particuliers au sein de la même direction, sponsor de la thématique « Prévention-Santé »

Comment aider concrètement les personnes en situation de handicap dans leur pratique sportive ? Les auteurs témoignent de la politique des activités sociales en direction du handicap et de la promotion du parasport au sein du groupe. Et si le sport était la meilleure des assurances santé ?

Au sein du Groupe de protection sociale AG2R La Mondiale, la Direction des activités sociales (retraite et prévoyance) apporte son soutien aux personnes en situation de handicap en développant trois grands axes. Le premier est l'inclusion sociale, au travers de l'école, de l'emploi et du sport. Et c'est bien du sport et de l'activité physique comme vecteurs forts d'inclusion qu'il est pleinement question ici. Le deuxième axe concerne l'autonomie et le lieu de vie. Le dernier a trait à l'accompagnement des familles et des proches aidants. Une partie de nos actions consiste en des aides individuelles, qu'elles soient financières et/ou de conseil. D'autres, collectives, d'information, de sensibilisation, de formation, d'accompagnement, etc. sont réalisées en partenariat avec des acteurs du champ du handicap et en étroite relation avec le Comité national coordination action handicap (CCAH), à présent dénommé « Une place pour tous ». L'accompagnement des acteurs de l'Économie sociale et solidaire (ESS) peut concerner des projets reproductibles et pérennes, comme celui porté par l'ISPC, mais aussi des actions locales répondant aux besoins de proximité, notamment les animations réalisées par le collectif CAP SAAA (Cap sport art aventure amitiés), autour de l'art et du sport, à l'occasion du salon Autonomic Paris.

L'engagement handisport

Au-delà des actions de sensibilisation, l'un des axes prioritaires est l'acquisition de matériel adapté. C'est justement pour mieux répondre à cet objectif qu'un large soutien a été apporté à Envie autonomie, acteur clé de l'ESS, dont la quinzaine de magasins actuels distribuent sur toute la France du matériel médical ou des aides techniques pour la pratique d'activités de loisir et de sport, remis en bon état d'usage, garantis deux ans et certifiés conformes.

La pratique du handisport est également encouragée en tant que levier de retour à l'emploi pour les personnes en situation de handicap, à la suite d'un accident ou d'une maladie. C'est le cas, par exemple, grâce au soutien aux actions portées par Comme les autres, une association qui propose un

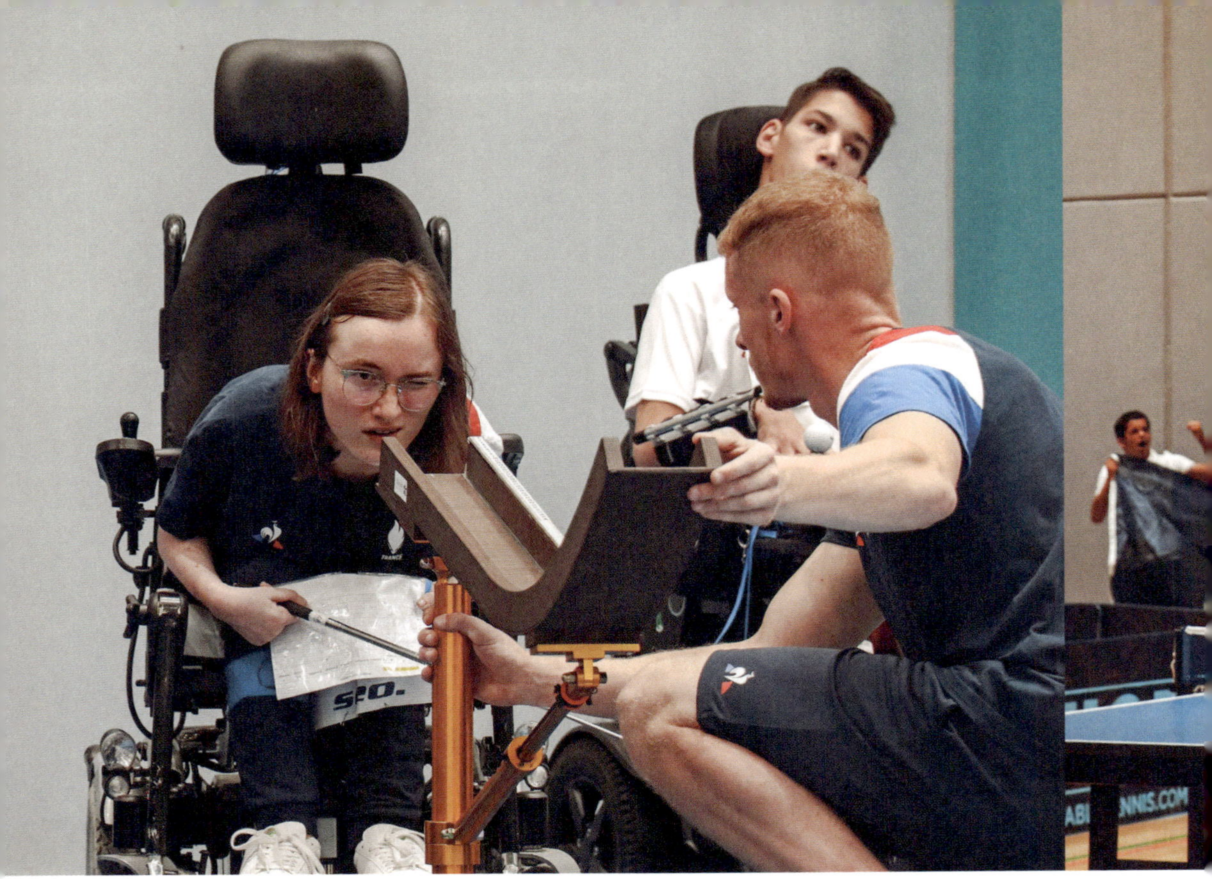

Pratiquante de boccia, discipline para-sportive conçue, à l'origine, pour les personnes atteintes de paralysie cérébrale.

accompagnement social dynamisé par le sport et les sensations fortes, à destination des personnes devenues handicapées motrices après un accident.

En lien avec la montée en puissance de l'ISPC que nous soutenons, les efforts se portent à présent sur la promotion et l'accompagnement vers une activité physique adaptée pour les personnes en situation de handicap, dans la mesure où la pratique sportive est un levier essentiel de prévention en faveur de la santé et permet de bien vieillir. Et nous avons été ravis de constater que notre partenaire clé historique en matière d'activité physique adaptée, tant pour les séniors qu'en entreprises, Siel Bleu, est également partenaire de l'ISPC !

Engagé depuis plus de vingt-cinq ans dans le sponsoring, le groupe tout entier a progressivement souhaité étendre son action et encourager la pratique handivalide. L'un des enjeux majeurs est de favoriser l'intégration des handisportifs dans les clubs et les compétitions. Depuis plus de trois ans, des actions de proximité sont ainsi menées dans les clubs avec la Fédération française de voile, la Fédération française de cyclisme et la Fédération française de cyclo-tourisme. En complément, les activités sociales du groupe soutiennent des associations telles que Handisurf, qui rend le surf largement accessible aux personnes en situation de handicap.

La prévention par le sport

Rester actif permet, en effet, de retarder le vieillissement de l'organisme et l'altération de ses capacités. En développant

Pratiquant de para-tennis de table.

l'endurance, la force musculaire, la densité osseuse, la souplesse et l'équilibre, l'exercice physique, même d'intensité modérée, repousse l'apparition des signes de l'âge, dont l'hypertension artérielle ou l'ostéoporose. Le fonctionnement du cerveau en bénéficie lui aussi. De nombreux travaux scientifiques montrent que la pratique régulière d'une activité physique exerce une action protectrice sur la mémoire, diminue les risques de troubles cognitifs, stimule le renouvellement des neurones et la formation de nouvelles connexions entre eux, permettrait même de retarder la survenue et la progression de certaines pathologies neurodégénératives. C'est pourquoi les Activités sociales d'AG2R La Mondiale promeuvent la pratique de l'activité physique adaptée et le sport-santé. Cette thérapie non médicamenteuse s'adapte aux envies et aux besoins de chaque bénéficiaire tout en tenant compte de ses limites, que celles-ci soient liées à son âge, à sa condition physique ou à son état de santé. S'adressant avant tout à des publics fragilisés, le sport-santé contribue à améliorer la forme, l'autonomie et la qualité de vie des usagers, tout en permettant de maintenir le lien social.

En matière d'activité physique adaptée liée au vieillissement, nous nous appuyons, en particulier, sur les travaux de notre partenaire, la chaire Active Aging. Celle-ci prend le parti d'aborder le vieillissement optimal plutôt que les incapacités. En effet, malgré le vieillissement, il existe des gains de plasticité possibles, grâce à un environnement « enrichi », constitué par les habitudes de vie et l'exercice. La chaire étudie ainsi les conditions idéales de l'exercice physique et vise à améliorer la production et la diffusion de connaissances utiles à l'action ainsi qu'à tester des solutions nouvelles, adaptées, attrayantes et efficaces pour préserver le capital physique et cognitif des séniors. Le bénéfice attendu consiste en la recommandation d'entraînements scientifiquement fondés, et qui déterminent dans quelles conditions précises, adaptées et optimum, pratiquer l'activité physique. Ces bénéfices ne sont pas très éloignés de ceux attendus de la part de l'ISPC, avec qui des liens pourront d'ailleurs être développés...

Les Activités sociales d'AG2R La Mondiale soutiennent également, cette fois pour la diffusion de bonnes pratiques en matière d'activité physique adaptée, la Fédération française de la retraite sportive, la FFRS. Celle-ci organise, depuis plusieurs années, des conférences sur les bienfaits de l'activité physique pour les personnes âgées. À l'issue de ces rencontres entre pairs, elle permet aux participants de s'inscrire aux activités pour une somme modique. Aujourd'hui, près de 16000 personnes bénéficient ainsi de tarifs préférentiels pour des loisirs tels que le yoga, la gym douce, la marche, la natation, le tir à l'arc, le tai-chi... Nous avons également un riche partenariat avec l'association Siel Bleu, qui déploie l'activité physique adaptée vers les séniors, à domicile, comme en établissement. De manière plus générale, elle lutte contre les déserts de prévention, ces territoires qui cumulent une faible densité médicale (les fameux « déserts médicaux »), une faible présence d'institutions médico-sociales et l'absence d'acteurs de prévention en faveur de la santé. Partenaires de longue date, AG2R La Mondiale et Siel Bleu se sont engagés ensemble à mettre en place des cours réguliers dans les dix-huit départements concernés.

Par ailleurs, les comportements de prévention en faveur de la santé devant démarrer avant l'âge de la retraite pour une meilleure efficacité, nous nous appuyons également sur les compétences de Siel Bleu, via son entité Siel Bleu au travail, pour promouvoir et accompagner l'activité physique adaptée en entreprise. Celle-ci est d'autant plus utile dans le milieu professionnel qu'elle contribue à la prévention de risques professionnels tels que les troubles musculosquelettiques, mais aussi à l'amélioration de la qualité de vie au travail, au bien-être et à la cohésion des équipes. Le récent rapprochement de Siel Bleu et de FizzUp, site spécialisé dans le coaching sportif en ligne, va, à présent, permettre la pratique de l'activité physique en télétravail et entre les séquences en présentiel, à l'aide de programmes personnalisés.

Une approche globale de la personne, à chaque âge et en proximité, où chacun est acteur de son bien-être dans toutes ses dimensions, voilà ce qui caractérise nos engagements en matière de prévention en faveur de la santé, et ce, de plus en plus vis-à-vis des personnes en situation de handicap.

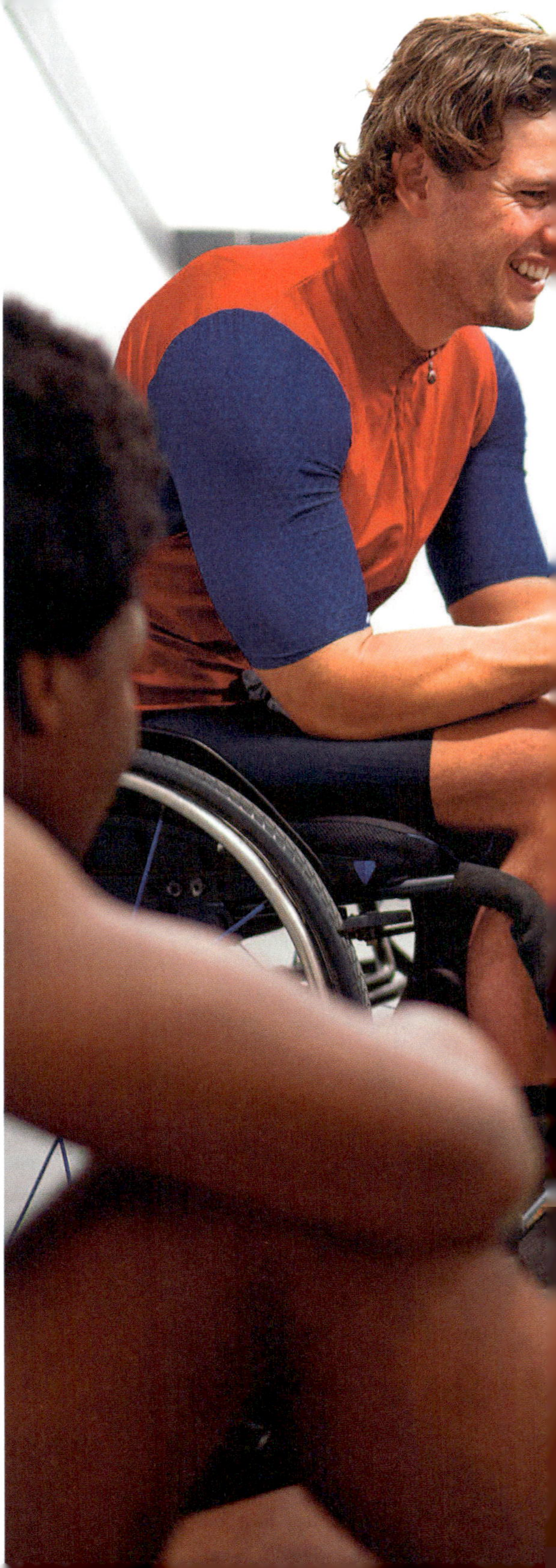

Cap Sport 2024 : généraliser la pratique sportive pour tous

Par le professeur Hervé Delacroix
Membre du bureau du conseil d'administration d'APF France handicap

L'organisation des jeux olympiques et paralympiques à Paris en 2024 est une opportunité majeure pour renforcer la pratique individuelle ou collective d'activités physiques et sportives des personnes en situation de handicap, en club, à l'école… C'est l'un des axes de la stratégie Cap sport 2024 d'APF France handicap.

En 2020, 65 % des Français de 15 ans et plus ont pratiqué au moins une activité physique et sportive au cours des douze derniers mois. Le pourcentage est de moitié (30 % environ) pour les personnes en situation de handicap. C'est pour contourner les nombreux obstacles qui persistent et permettre aux personnes en situation de handicap de pratiquer une activité physique et sportive qu'une politique volontariste est mise en place, en profitant de la dynamique apportée par les Jeux. APF France handicap mobilise son réseau (délégations et établissements) pour partager des solutions et des pratiques en partenariat avec le ministère des Sports et son Agence nationale du sport, des fédérations sportives (handisport, badminton, tennis), l'UCPA ou le Comité paralympique et sportif français (CPSF).

Il convient tout d'abord de s'interroger sur le sens de la pratique d'activités physiques et sportives pour les personnes en situation de handicap. Il faut considérer que les motivations peuvent être multiples. Pour certains, nombreux, la première motivation est souvent la recherche de bien-être et le maintien de la santé. Pour d'autres, la pratique du sport est le moyen de retrouver de l'autonomie, voire est un tremplin vers la résilience après un accident. D'autres encore souhaitent relever un défi, s'engagent dans un esprit de compétition. Mais il serait réducteur de se focaliser sur l'une ou l'autre de ces motivations, car les nuances sont nombreuses et les aspirations se confondent souvent.

Ensuite, la pratique des activités physiques et sportives s'enrichit depuis une vingtaine d'années avec l'émergence de nouvelles disciplines : activités en montagne (ski, randonnée, parapente…), de nature (fauteuil tout-terrain, joëlette, voile…), de nouveaux sports (rugby fauteuil, foot fauteuil, boccia…). Ces nouvelles activités, qui mêlent sport d'aventure et de défi, ouvrent le champ des possibles pour de nombreuses personnes en situation de handicap. On peut considérer que toute personne handicapée pourrait pratiquer une activité physique ou sportive (par exemple, des enfants ou des adultes polyhandicapés pratiquent l'équitation).

Si l'offre est encore trop faible, elle est en pleine mutation, avec l'émergence de

nouveaux acteurs, notamment des fédérations sportives qui sont homologuées pour encadrer la pratique sportive de personnes en situation de handicap dans leur club et cela, quel que soit le handicap. Avec ce nouveau cadre, le rôle du Comité paralympique et sportif français, qui réunit ces différentes fédérations, ainsi que la Fédération française handisport est essentiel. Ce comité lance, par la mise en place de référents régionaux, le déploiement de l'offre sportive dans les régions et, par la mise en place de programmes de financement, le développement de la pratique sportive dans les établissements sociaux et médico-sociaux, en lien avec l'Agence nationale du sport.

À noter aussi que la pratique d'activités physiques et sportives se développe de manière individuelle et parfois sans cadre défini. C'est le cas pour le footing, le basket de rue, la randonnée… De fait, les personnes en situation de handicap doivent pouvoir trouver dans ces nouveaux espaces des équipements adaptés (par exemple la joëlette pour des randonnées) ou des installations sportives urbaines accessibles, pensées sur le modèle du design actif, dont on entend beaucoup parler ces derniers temps.

Fédération française handisport HOP 2022 et portraits de la délégation.

APF France handicap, grâce à sa présence dans tous les départements de France, y compris la Guadeloupe, participe au développement de la pratique sportive en proposant des activités physiques et sportives au sein de ses délégations ou établissements : natation, boccia, randonnée...

Elle apporte aussi régulièrement des conseils et réalise un travail de sensibilisation auprès des clubs ou des fédérations qui souhaitent accueillir des personnes en situation de handicap, l'inaccessibilité aux pratiques d'activités physiques et sportives étant souvent le premier frein. Les bonnes volontés se heurtent tout d'abord à l'inaccessibilité physique des bâtiments. Nos délégations sont au quotidien sur le terrain pour améliorer cette accessibilité en rappelant le cadre légal, mais aussi en étant force de propositions pour trouver des solutions. Nous intervenons également pour suggérer et conseiller l'aménagement de pontons dans les ports où l'on pratique la voile, ou au bord des rivières pour des activités de canoë, de pêche, etc.

Promouvoir l'accessibilité universelle

L'accessibilité universelle, c'est avant tout sensibiliser et former les encadrants des pratiques physiques et sportives. Cette démarche doit être encouragée tant au niveau des fédérations que des clubs.

L'accessibilité universelle, c'est également donner la possibilité aux enfants et aux adolescents en situation de handicap de participer aux cours d'éducation physique

et sportive (EPS) dans le cadre d'une école inclusive. On constate encore trop souvent des dispenses d'EPS qui s'expliquent notamment par le fait que les enseignants sont peu formés à accueillir un élève en situation de handicap. À noter aussi que des soins médicaux ou paramédicaux sont programmés sur ces temps de cours, car il est plus difficile de les organiser en dehors de l'école ou sur les heures consacrées à d'autres matières. Cette pratique des activités physiques et sportives à l'école s'inscrit dans le combat d'APF France handicap pour une école réellement inclusive, qui encourage la formation des enseignants et favorise le partage d'expériences réussies.

Ces expériences réussies, nous les capitalisons au sein de nos établissements et services sociaux et médico-sociaux, même si la pratique n'est pas toujours déployée à l'ensemble des personnes accompagnées, souvent par manque de personnel mais parfois aussi par manque de motivation des usagers. APF France handicap met à disposition des ressources et apporte son expertise dans ce sens. Mais le cadre administratif et budgétaire limite souvent les initiatives qui permettraient à un établissement ou à un service médico-social d'intervenir sur son environnement extérieur.

Sortis de nos établissements et de nos services, les jeunes ne trouvent pas toujours les lieux ni l'accompagnement adéquats pour continuer une activité physique et sportive. Nos services d'accompagnement à la vie sociale et nos délégations jouent un rôle majeur pour aider ces jeunes lorsqu'ils vivent à domicile, seuls ou en famille et ainsi favoriser une activité physique quotidienne.

Pour faire face à tous ces défis, le programme national APF France handicap « Cap sport 2024 » s'est donné trois objectifs:

– promouvoir la pratique d'activités physiques et sportives des personnes en situation de handicap, un axe largement développé dans cet article;

– être acteur des Jeux olympiques et paralympiques Paris 2024. Depuis la candidature de Paris, APF France handicap est partie prenante des instances qui préparent les Jeux et nous sommes membres du Conseil d'administration du Cojo. Nous participons également au recrutement de volontaires en situation de handicap. Être acteur des Jeux, c'est être partie prenante ou force de proposition pour des Jeux réussis et une visibilité des personnes concernées (au-delà des athlètes paralympiques). Être acteur des Jeux, c'est aussi penser à l'accueil de dizaines de milliers de spectateurs en situation de handicap qui vont venir du monde entier. L'enjeu majeur, c'est l'accessibilité des moyens de transport, de mobilité douce, des hôtels… APF France handicap alerte les organisateurs des Jeux, l'État et les collectivités locales pour que Paris et la France soient au rendez-vous et offrent une France « accessible »;

– entreprendre et innover autour de la pratique sportive. L'innovation technologique peut contribuer au développement des pratiques d'activités physiques et sportives. Par exemple, APF France handicap s'est associée à la Fédération d'aviron et à l'association Stimule ton handicap pour doter les structures de rameurs développés par la société Kurage. Ce projet appelé « Avistim » vise à doter certaines structures de rameurs équipés d'un dispositif d'électrostimulation, qui rend ce sport plus accessible à des personnes privées de l'usage de leurs jambes. Plusieurs de nos établissements en bénéficient déjà, grâce au soutien financier d'Impact 2024 du comité d'organisation des Jeux;

– être porteur d'un héritage. C'est le maître mot des organisateurs des Jeux de Paris 2024. C'est également une ambition que nous partageons. L'exceptionnelle opportunité d'organiser les Jeux olympiques et paralympiques de Paris doit laisser des traces en faveur de la généralisation de la pratique des activités physiques et sportives des personnes en situation de handicap en France. Les fédérations et les clubs deviennent « handi-accueillants », des programmes ministériels soutiennent le déploiement de la pratique sportive, des lieux ressources vont se construire comme celui de l'ISPC ou Prisme en région parisienne. Paris 2024 n'est pas seulement un évènement sportif, c'est aussi un levier d'importance pour permettre au plus grand nombre de personnes handicapées d'accéder comme tout le monde, et en autonomie, à l'activité physique et sportive de leur choix, au sein d'une société inclusive et bienveillante.

C'est tout le sens et la philosophie de notre programme national « Cap sport 2024 ».

L'exceptionnelle opportunité d'organiser les Jeux olympiques et paralympiques de Paris doit laisser des traces en faveur de la généralisation de la pratique des activités physiques et sportives des personnes en situation de handicap en France.

FRANCE
edf
FRANCE

Un témoignage au cœur de la haute performance dans le handisport

Par Norbert Krantz
Manager de la Haute performance sports d'été à la Fédération française handisport

Un regard sur l'impact du sport sur les para-athlètes de haut niveau et sur l'image positive renvoyée, au-delà même des personnes en situation de handicap, au reste de la population dite valide.

Je suis sans doute un bon témoin de ce que la pratique du sport de haut niveau dans le monde du handicap peut engendrer pour ses pratiquants comme problématiques et comme regards. Cela tient au fait que je suis un transfert du monde valide au monde handi, chargé non seulement d'œuvrer à la montée en puissance de la France au classement des nations paralympiques en ce qui concerne les sports d'été, mais également de contribuer à la professionnalisation de la préparation de nos meilleurs sportifs. Mon objectif est de modifier les us et coutumes et de les mettre au diapason de ce qui est proposé dans le monde valide, avec le même niveau d'égards et d'exigence! Auparavant, j'avais assuré une mission d'Aide à la performance dans un établissement mythique, fleuron du sport français: l'Institut national du sport, de l'expertise et de la performance. Recruté en 2018 par la Fédération française handisport, l'objet de mon investissement porte sur l'optimisation de la préparation des sportifs de haut niveau, représentant quatorze disciplines paralympiques. Mon engagement concerne aussi tous les facteurs possibles d'amélioration: autant les processus (ce qui relève de la méthodologie de l'entraînement: planification, charge, récupération, etc.) que les acteurs (entraîneurs, accompagnateurs dans des champs d'expertise particuliers, médicaux et paramédicaux, chercheurs, etc.). Je suis chargé également de mettre en place, avec l'aide de l'Agence nationale du sport, les conditions d'exercice du « métier » en travaillant à la mise en place d'éléments qui relèvent du champ socioprofessionnel, en s'assurant que les conditions de vie des acteurs principaux sont bel et bien en rapport avec les investissements consentis: compléments de revenus pour atteindre un certain niveau de vie, élaboration de contrats d'image, conventionnement avec, entre autres, les employeurs. Aujourd'hui, on peut affirmer que tous nos sportifs de haut niveau et leurs entraîneurs sont accompagnés sur les plans financier et humain pour pouvoir être performants à Paris 2024.

Transfert d'un monde à l'autre

Lorsque j'ai su que j'allais être missionné auprès du mouvement Handisport, j'ai entrepris une vaste opération d'acculturation. Il y avait deux questions à traiter: tout d'abord développer une connaissance des particularités attachées aux handicaps et notamment comprendre le fonctionnement de la classification, qui permet de comparer les sportifs en situation de handicap engagés dans une même compétition. Son principe n'est pas de créer une catégorie par personne, mais de définir le minimum de classes nécessaires pour respecter l'esprit sportif et permettre un mode de confrontation juste et équitable; ensuite, intégrer le fonctionnement intime de sports très divers et très nouveaux pour « un œil » qui s'était essentiellement exercé dans le champ valide. C'est ainsi que j'ai fait connaissance avec le cécifoot (football pour déficients visuels, pratiqué sur un terrain de handball délimité par des barrières avec un ballon qui fait du bruit), le rugby-fauteuil (forme de rugby pratiquée dans un fauteuil par une population composée en grande partie de blessés médullaires), la boccia (sport de boules pouvant être pratiqué par de très grands handicapés), etc. Je dois dire que le challenge était important mais il m'a permis de satisfaire ma curiosité naturelle et surtout, il m'a permis de faire de très belles rencontres et découvertes. L'homme possède d'étonnantes capacités d'adaptation et trouve des réponses dans des situations qui peuvent apparaître comme peu probables et/ou risquées lorsqu'on les observe d'un point de vue extérieur. Je pense à ce moment incroyable où j'ai découvert qu'un stade entier pouvait faire silence pour permettre à un athlète déficient visuel de sauter en longueur, simplement guidé par la voix et les frappes de mains de son « assistant perf » (rôle fondamental du guide qui permet l'organisation d'une réponse motrice en fonction de l'espace et du temps), ou à cet instant, en natation, où j'ai découvert comment les non-voyants pouvaient être informés de la présence d'un virage à effectuer: chaque nageur déficient visuel est averti avant de faire un virage ou un relais par un assistant qui le touche avec une perche au bout rembourré. Dans ce monde-là, l'accomplissement de performances se fait en étroite collaboration avec un alter ego, personne de confiance sur laquelle s'appuie le sportif handicapé. J'ai compris très rapidement que ma grille de lecture devrait s'adapter à des configurations qui ne sont pas très orthodoxes! Et j'ai vite ressenti beaucoup d'admiration pour ces femmes et ces hommes qui contribuaient de façon directe ou indirecte à la réalisation d'un projet sportif. Au fond, mais ça, je le savais, la performance en elle-même n'a de valeur à mes yeux que lorsqu'elle est associée à l'expression d'émotions et de valeurs, au développement et à l'accomplissement personnels.

Rencontres singulières et atypiques

Je ne peux pas dire que j'aie subi un choc en entrant dans ce monde: il est vrai que je m'étais préparé. Avec ma vie privée et ma personnalité, je n'ai rencontré que très peu d'obstacles au fait de côtoyer le monde des handicapés. S'il m'est arrivé de ressentir de la peine pour certains, ou d'être surpris par la violence de ce que la vie leur avait imposé comme loi (soit à travers la génétique, soit, malheureusement, à cause d'un accident de vie), j'étais « équipé » mentalement pour accompagner cette population. Un état d'esprit contre lequel je me suis cependant prémuni, car si je n'y avais pas fait attention, il aurait pu me conduire à banaliser la réalité des faits. La différence ne m'a jamais posé de problème, elle a toujours, bien au contraire, constitué pour moi une richesse,

Tous nos sportifs de haut niveau et leurs entraîneurs sont accompagnés sur les plans financier et humain pour pouvoir être performants à Paris 2024.

presque une philosophie. Les personnes atteintes d'un handicap sont des personnes comme les autres, elles présentent comme tout un chacun des singularités, sauf que parfois, elles sont prégnantes. « Parfois », parce que dans certains cas, vous ne savez même pas ce que la personne présente comme infirmité. En tout cas, je ne me suis pas senti « dépaysé » et je n'ai pas eu d'efforts particuliers à fournir pour me sentir à l'aise avec chacun d'entre eux. Simplement à ajuster certaines postures, certains discours et certaines analyses, notamment en termes de communication: par exemple, pour discuter avec un sportif en fauteuil, il vaut mieux vous-même vous asseoir. Chacun comprendra pourquoi! Et si vous échangez avec un infirme moteur cérébral, il faut tenir compte du fait que les affects de la personne concernée constituent un facteur important de son jugement. De manière générale, il ne faut jamais oublier que derrière les apparences, il peut y avoir chez tout handicapé des blessures qui n'ont pas été réglées! Mais la population dont nous parlons ne veut surtout pas susciter de la part de ceux qui les côtoient une quelconque forme de misérabilisme. Il faut savoir que pour la plupart des personnes en situation de handicap, l'autonomie est un enjeu majeur: elles ne sollicitent pas forcément d'aide ou rarement, elles sont pour la plupart autonomes dans leurs déplacements et les tâches quotidiennes et, bien souvent, elles font preuve d'une bonne capacité de résilience!

Pour la plupart des personnes en situation de handicap, l'autonomie est un enjeu majeur: elles ne sollicitent pas forcément d'aide ou rarement, elles sont pour la plupart autonomes.

J'ai pu en faire le constat à l'occasion de la crise de la Covid. En définitive, vous retrouvez dans cette population les mêmes caractéristiques que celles que vous pouvez observer chez les valides: il y a des grincheux et des vindicatifs dans ce milieu, comme partout. Rien de plus normal! En ce qui concerne le haut niveau, j'ai tout de suite choisi de considérer les sportifs handicapés comme des sportifs valides, ayant les mêmes droits et les mêmes devoirs que ceux auxquels on souhaite les associer.

Des différences entre les deux mondes

J'ai beaucoup travaillé et je me suis beaucoup déplacé. J'ai ainsi pu me faire, petit à petit, une opinion sur la réalité d'un certain nombre de faits. En premier lieu, je dois mettre en avant l'humanité des rencontres: il y a encore dans ce milieu quelque chose qui ressemble au bénévolat, avec un état d'esprit qui ressemble beaucoup à celui que l'on rencontre dans le cadre des associations sportives. Mais il y a, ou plutôt il y avait, également dans ce monde parallèle, quelque chose qui pouvait ressembler à de la pauvreté définie comme une « infériorité matérielle par rapport aux individus les plus favorisés ». Une « pauvreté » financière parce que le mouvement n'avait pas été suffisamment épaulé par les autorités institutionnelles de notre pays. On peut même parler de sous-financiarisation du mouvement paralympique: pour exemple, en 2016, la part réservée au sport de haut niveau dans le cadre de préparation des Jeux de Rio 2012 mettait en évidence un rapport de 1 à 5 en défaveur du sport paralympique, en comparaison au sport olympique (rapport Onesta 2018) et de sous-engagement en termes de ressources humaines (trop peu de cadres techniques sportifs mis au

service des fédérations paralympiques). Cela explique aussi pourquoi la médiatisation dont aurait pu et dû bénéficier le mouvement n'a jamais été menée de façon continue, car le bénévolat a ses limites et les conséquences de cette approche forcée ou du moins conduite avec une absence de moyens ou de considération a entraîné des effets délétères, notamment du point de vue de la culture sportive de haut niveau. Il y avait dans la façon de penser et de vivre le sport de haut niveau des différences considérables entre les différents acteurs. Il faut reconnaître que pendant trop longtemps, le mouvement a été exclu et parfois s'est exclu lui-même de ce qui se faisait ailleurs, dans le monde valide. De nombreuses raisons peuvent être évoquées et parmi elles, des éléments liés à la non-reconnaissance de la valeur intrinsèque des performances accomplies par les sportifs handicapés. Il est vrai que dès lors que nos sportifs ont pu être acceptés dans des lieux de pratique réputés (Insep, Maison du handball, structures professionnelles, etc.), leur estime de soi s'est améliorée, ainsi que celle de leurs entraîneurs. Aujourd'hui, les choses ont bien évolué : l'apparition d'une Agence nationale du sport et la proximité des Jeux ont créé un regain d'intérêt pour la cause. On peut constater que toutes les forces de l'État et celles, d'ailleurs, du monde privé s'alignent pour faciliter le succès de la France paralympique aux Jeux de Paris. La mise à disposition des Creps (Centre régional de ressources, d'expertise et de performance sportive) au service des besoins qui s'expriment, constitue un témoignage fort de cette montée en puissance progressive. La mobilisation du médical et de la recherche

constitue un atout supplémentaire. Le projet Paraperf, qui oriente son travail autour de trois axes, en est l'exemple même. Il s'intéresse tout d'abord aux trajectoires de performances, puis à l'ergonomie connectée des fauteuils et enfin, à la compréhension de l'environnement psychosociologique des sportifs, afin de mieux en appréhender les facteurs pouvant limiter la pratique. Par ailleurs, les institutions spécialisées dans l'innovation technologique (comme Airbus, qui travaille à l'amélioration des fauteuils de course en para-athlétisme ou des *hand bike* en para-cyclisme) constituent des atouts supplémentaires. Nous sommes parvenus à un degré d'expertise qui est celui de la « haute couture », et qui implique le devoir d'individualisation et de précision dont il est désormais nécessaire d'user.

Des progrès incontestables

Les résultats de la France à l'occasion des Jeux précédents (jusqu'à Rio 2016) mettent en évidence une baisse des résultats obtenus. Cela tient à des raisons liées à notre organisation nationale qui est perfectible, mais aussi au fait que le niveau de concurrence au niveau mondial ne cesse de croître. Nous nous trouvons désormais dans une situation où il faut réagir. Le succès récent de nos sportifs à Tokyo 2021 nous encourage à persévérer dans la voie amorcée et à inscrire cette évolution sur du long terme (quarante et une médailles pour la Fédération française handisport contre vingt et une à Rio 2016). La nouvelle configuration de l'accompagnement que nous développons depuis quelques années peut être considérée comme un accompagnement « à 360° », ce qui signifie que l'incertitude n'a plus aucune place. Nous travaillons au niveau du détail, en ne négligeant aucun aspect de la préparation de nos sportifs. Il n'y a pas de raison que la France ne devienne pas une grande nation dans le domaine du handisport. Il ne s'agit pas simplement de faire de la « championnite » mais de démontrer que la France est un pays qui œuvre à l'augmentation de sa capacité à inclure « à part entière et dans sa totalité », les personnes en situation de handicap. On peut citer les travaux réalisés pour rendre plus accessibles les installations dans tout type d'établissement public, la plus grande médiatisation de nos sportifs, l'investissement de quelques mécènes et entreprises, la création de l'ISPC (l'Institut de santé parasport connecté mobilise sur le seul site [Garches] un écosystème de compétences médicales, scientifiques, pédagogiques et technologiques dédiées à l'évaluation capacitaire des personnes en situation de handicap en vue de la découverte ou d'une pratique renouvelée d'une activité sportive, qu'elle qu'en soit l'intensité) et l'apparition récente d'un établissement entièrement consacré à la pratique handisport (référence au Creps de Vichy). Toutes ces initiatives semblent démontrer que la France a la volonté de rattraper son retard (les pays du Nord de l'Europe, et plus globalement les pays anglo-saxons, sont très en avance sur toutes ces questions) et que les mentalités évoluent petit à petit dans le bon sens.

> La réalisation des projets est devenue une affaire d'équipe dans laquelle sont engagés de nombreux protagonistes, tous spécialistes du handicap.

Faire « avec » et non « contre »

Ma vision s'est nourrie de ces constats, mais également de ce que j'imaginais qu'il était possible de faire à des niveaux d'échéances différents et avec les moyens dont je disposais. Ma volonté a été d'agir en douceur mais avec détermination. J'ai gardé les mêmes hommes à la tête des commissions sportives et je les ai invités à s'inscrire dans le cadre d'un accroissement permanent des compétences (référence au plan Coach 2024). J'ai en outre invité des personnes expertes venant du champ valide mais ayant une propension et une capacité à s'adapter aux particularités de la pratique sportive dans le champ du handicap à rejoindre notre fédération, car il n'était pas question de réaliser un simple « copié-collé » de ce qui se fait dans le monde valide. Nous avons également travaillé contre la précarisation d'un certain nombre de situations en garantissant aux principaux acteurs un seuil minimum de revenus et en valorisant les investissements. Nous avons également permis leur mise à disposition par les employeurs (référence au plan emploi ANS). La contrepartie, c'est que chacun doit désormais s'investir au plus près du projet de l'athlète et de façon constante, avec le plus grand professionnalisme, pour reprendre un terme que j'ai déjà utilisé. Désormais, la réalisation des projets est devenue une affaire d'équipe dans laquelle sont engagés de nombreux protagonistes aux compétences diverses et avérées, tous spécialistes du handicap à des niveaux différents. Je ne veux pas créer une vision idyllique de ce que nous avons mis en place pour réussir notre pari, mais on peut affirmer aujourd'hui que l'écart qui séparait les deux mondes s'est fortement atténué. Reste à chacun le soin de prendre ses responsabilités. J'ai confiance en chacun d'entre eux, car ils ne m'ont jamais déçu...

Et ailleurs ? En Norvège, une institution s'est également spécialisée dans le parasport santé

Par Kevin Therenty & Cytisco

La synergie entre les acteurs du monde du sport et celui de la santé n'est plus aujourd'hui une douce utopie. Cette association est déjà valorisée au-delà de nos frontières. L'expérience norvégienne est la plus qualitative et la plus proche de l'action de l'ISPC.

L'OSTRC, le Centre de recherches sur les traumatismes d'Oslo, implanté à l'Institut norvégien des sciences du sport depuis 2000, collabore avec le Centre orthopédique de l'hôpital universitaire d'Oslo et, depuis 2009, avec le Centre olympique norvégien ainsi qu'avec le Centre médical d'excellence de la Fifa. Ses missions sont variées et allient le développement d'un centre de recherches destinées à la prévention à un programme d'enseignement de la chirurgie orthopédique ou encore à l'édification d'une clinique médicale réservée aux athlètes olympiques.

D'après une de leurs études publiée dans le *British Journal of Sports Medicine* en 2021 et basée sur plus de dix ans d'observation et cinq cycles de Jeux paralympiques, les parasportifs de haut niveau auraient perdu en moyenne trente-trois jours de sport par an en raison de problèmes de santé.

C'est sur la base de ce même constat que le questionnaire sur les blessures de la surutilisation de l'Oslo Sports Trauma Research Center (OSTRC) a été développé en 2013 (et est toujours employé aujourd'hui) pour répondre aux défis qui se posent lors de l'utilisation des méthodes traditionnelles de surveillance des blessures sportives pour documenter l'épidémiologie des conséquences de la surutilisation.

Traditionnellement, la plupart des études de surveillance des blessures utilisaient la perte de temps de pratique du sport comme critère principal pour définir l'occurrence de la blessure, et la durée du temps perdu comme mesure de sa gravité.

Cette approche sous-estime l'impact total des blessures de la surutilisation, car les athlètes qui en souffrent peuvent souvent continuer à s'entraîner et à concourir, malgré la persistance des symptômes et des limitations associés à la blessure.

Le questionnaire de l'OSTRC sur les blessures de la surutilisation couvre quatre domaines qui cherchent à évaluer leurs conséquences sur les athlètes :

– la participation sportive ;
– le volume d'entraînement ;
– la performance sportive ;
– la douleur.

• Oslo Sports Trauma Research Center Norwegian School of Sport Sciences
PB 4014 Ullevål Stadion - 0806 Oslo, Norway - Téléphone : +47 23 26 20 00 E-mail : ostrc@nih.no

En faisant compléter le questionnaire à intervalles réguliers, les cliniciens et les chercheurs sont en mesure de suivre l'évolution des effets des blessures de la surutilisation dans le temps.

L'OSTRC est présidé par le professeur Lars Engebretsen, également consultant à la clinique orthopédique de l'école de médecine de l'université d'Oslo, et le professeur Roald Bahr, spécialiste en médecine sportive à l'École norvégienne des sciences et des sports. Ce dernier dirige le programme de prévention des blessures et des maladies sportives Aspetar et est également médecin en chef d'Olympiatoppen (une organisation qui fait partie du Comité olympique et paralympique norvégien).

Pour finir, il existe onze centres de ce type à travers le monde.

L'institut norvégien des sciences du sport a été développé pour répondre aux défis qui se posent lors de l'utilisation des méthodes traditionnelles de surveillance des blessures sportives.

LE DOSSIER TABLE RONDE AU CARRÉ

Regards croisés entre Marie-Amélie Le Fur et Thierry Rey

Le regard des autres sur soi peut être neutre, inquisiteur, suspicieux, inquiet, amoureux, haineux, bienveillant… C'est en tout cas souvent plus une intention que l'on prête à l'autre que ce que l'on sait vraiment de sa pensée profonde à notre égard. Trop souvent, son caractère fugace et occasionnel lui confère davantage les qualités de l'impression que celles de l'analyse. *Regards sur le handicap* ambitionne de corriger ce premier mouvement. Ce chapitre « Regards croisés » entre deux médaillés d'or, paralympique et olympique, Marie-Amélie Le Fur et Thierry Rey, aspire à en approfondir l'acuité à travers des questions identiques et partagées. Si, bien entendu, des éléments de personnalité distinguent ces deux sportifs de haut niveau, rien ne différencie dans l'action et la pensée profonde l'athlète amputée appareillée du judoka valide. Pari gagné ? Jugez-en par vous-même. Pour mieux comprendre nos deux invités, nous avons établi cinq familles de questions : la première porte sur leur vision du sport, la deuxième, sur leur vécu de la performance suivie naturellement par la troisième sur leur vécu de la contre-performance, la quatrième sur leur perception de l'impact des prochains JO de Paris 2024, pour conclure par leurs regards croisés l'un sur l'autre.

> **Devenir championne olympique, c'est vraiment un sentiment de plénitude, d'accomplissement."**
>
> Marie-Amélie Le Fur

Philippe Fourny : Que pensez-vous du sport loisir, et l'envisagez-vous pour vous et pour vos proches ?

Marie-Amélie Le Fur : À titre personnel, le sport loisir étant la base du sport, j'ai envie de rester investie dans ce monde, en particulier dans les milieux fédérés, en lien avec des clubs, car ce sont aussi des lieux de rencontre sociale. C'est également pouvoir pratiquer un sport individuel en collectivité, et comme je suis une jeune maman, je veux faire entrer le sport dans la vie de notre fille, non pour le dépassement de soi mais dans une optique de découverte d'elle-même. Le sport loisir, c'est apprendre dans un cadre.

Thierry Rey : En ce qui me concerne, c'est plus une culture de la pratique sportive que du sport loisir qu'on irait consommer comme activité physique. C'est une nécessité, c'est une forme de culture, c'est une forme de comportement. Cela étant, que fait-on de cette thématique du sport et comment se l'applique-t-on ou pas ? Lorsque j'ai arrêté ma carrière sportive, je ne voulais plus faire de sport, j'en avais marre. J'étais gavé même d'une forme de douleur. C'était lourd de pratiquer un sport de haut niveau, mais on y revient, on revient assez naturellement à sa pratique sportive car elle est essentielle. Ce n'est pas un loisir, c'est un besoin : courir, nager, marcher, faire du vélo. Pour moi, c'est comportemental, et je pense que c'est quelque chose qu'il faut assez naturellement diffuser parce qu'on vit autrement quand on se comporte ainsi. Je pense que c'est en tant que parent, ami qu'on doit le prôner. En tant que responsables au sein de nos institutions respectives, on doit militer pour ça, pour que les gens puissent comprendre ce que le sport peut leur apporter. Licenciés ou pas, mais dans une pratique encadrée. Je considère que c'est important parce qu'on peut ainsi progresser beaucoup mieux qu'avec de simples tablettes numériques. Nombreux sont les sports qui nécessitent d'aller dans un club pour qu'on vous emmène vers quelque chose de plus subtil ou de plus fort, de plus technique ou de plus compliqué. C'est un comportement. C'est se dire : « Tiens, le mardi soir, le dimanche, le sport, c'est une évidence. » C'est cela mon rapport au sport aujourd'hui.

Ph. F. : Une victoire paralympique ou olympique étant par définition unique au monde, en quoi vous change-t-elle et comment gérez-vous ce changement ?

"

Quand on est estampillé champion olympique, je pense que c'est comme un magnifique tatouage."

Thierry Rey

M.-A. L. F. : Je ne sais pas si ça nous change. En tout cas, moi, ça m'a permis d'être plus accomplie en tant que sportive de haut niveau parce que c'était un rêve. C'était une ambition de devenir championne paralympique. On s'y est repris à deux fois, parce qu'on a fait les premiers Jeux en 2008 et on est restés sur la deuxième marche. C'était vraiment une conquête de l'or dans laquelle on s'était lancés, avec mon coach et ma famille. Et c'est vraiment un sentiment de plénitude, d'accomplissement de soi. Pour l'exploit sportif qu'on accomplit, mais aussi pour toute l'équipe avec laquelle on a créé cet événement. Et je pense que ça, c'est ce qui a été le plus marquant pour moi. C'est ce besoin, dès l'instant où le titre est là, de le partager, de revenir, de regarder un petit peu en arrière toutes les aventures qu'on a traversées tous ensemble. Ce constat, c'est avec le recul que je l'ai compris. Ce n'est pas vraiment la couleur de la médaille qui est le plus important, c'est tout le chemin qui a été parcouru pour la gagner, pour la conquérir. J'ai des médailles d'argent, des médailles de bronze qui sont tout aussi belles, qui sont tout aussi parlantes que mes titres paralympiques. Mais c'est vraiment l'expérience et la continuité de carrière qui m'ont appris à me détacher du titre paralympique en tant que tel pour regarder plutôt le parcours, et finalement la manière dont mes valeurs intrinsèques ont été respectées dans l'atteinte de cet objectif.

Ph. F. : Lorsque je posais la question du changement, j'évoquais également le vertige de la victoire qui pourrait entraîner un changement de comportement, de mode de pensée.

M.-A. L. F. : À titre personnel, je pense que ce vertige est retombé très vite parce qu'on sait très bien aussi que la victoire est conjoncturelle. Elle est liée à un moment donné, à un jour donné, à une concurrence donnée. Et on ne sait pas si finalement, une heure plus tard, un jour plus tard, l'alignement des planètes aurait été le même. En tout cas, j'espère avoir toujours abordé avec beaucoup d'humilité les titres paralympiques, convaincue que c'est l'adversaire qui aurait très bien pu gagner ce jour-là dans d'autres circonstances et surtout que, sans l'adversaire, on n'est absolument rien. Je pense donc qu'on ne peut pas être un grand champion si on n'a pas aussi le respect des personnes qui nous entourent. Il ne faut jamais oublier que nous créons tous ensemble la compétition. Et c'est un spectacle collectif que l'on offre au public qui vient nous voir ou qui nous regarde à la télé.

Ph. F. : Merci pour ces mises en perspective et cette relativité. Et pour vous, Thierry ?

T. R. : Quand on est estampillé champion olympique, je pense que c'est comme un magnifique tatouage. Et pour moi qui ai quelques années de plus que Marie-Amélie, tout dépend ce que l'on fait de ce tatouage. Sur l'instant, tout change parce qu'on réalise un rêve. On va toucher un truc du doigt. Moi, j'en ai rêvé, je l'ai voulu, et tout d'un coup, il y une espèce de sérénité parce qu'on est devenu ce qu'on souhaitait être. D'un point de vue sportif j'entends, c'est une sorte de sacre. On a accompli une mission. On est donc assez serein avec soi-même de ce point de vue. On n'aura plus à courir, même si on perd par la suite. Cela étant, il faut travailler, il faut persister. La vie continue, et notamment au judo où vous êtes vite ramené à la réalité. D'un point de vue sociétal, c'est ce que vous faites de ces victoires qui compte. Certains copains sont restés dans le milieu du judo : ils sont champions olympiques et tous les jours, ils sont à l'INSEP, ils enseignent à des jeunes. Et ça n'a pas changé grand-chose dans leur vie. C'est le regard des autres qui a changé. Et en fonction du milieu dans lequel vous évoluez, vous êtes toujours cette personnalité. Vous êtes toujours estampillé médaille d'or et qu'en faites-vous ? Et comment on arrive, avec cette chose qui vous accompagne de manière forte, à en profiter, mais aussi à s'en libérer ? Lorsque vous gagnez, que vous avez 30 ans, il vous reste plus de cinquante ans à vivre. Vous n'allez pas être sur le podium avec votre médaille pendant cinquante ans… Il faut progresser et avoir la subtilité d'aller conquérir autre chose. Aller comprendre d'autres choses, aller s'investir dans d'autres domaines avec ce petit bout de métal qui vous accompagnera toujours dans le regard des autres. Si on fait cette interview aujourd'hui, c'est parce qu'on a gagné ça.

Ph. F. : En quelque sorte, c'est la fin, mais c'est la fin d'une étape et ce n'est qu'une étape ?

T. R. : C'est ça. Oui, absolument. Le sport de haut niveau n'est qu'une étape. Et dans le sport de haut niveau, le statut de champion olympique, c'est quand même quelque chose d'assez particulier parce que ça ouvre beaucoup de perspectives. Qu'est-ce que ça va changer dans notre vie ? C'est à nous aussi d'en décider.

M.-A. L. F. : Ce qui est intéressant dans ce que dit Thierry, c'est effectivement la façon dont ça nous change. Mais ça peut aussi nous conférer la possibilité de changer la vie des autres. Mais tout le monde ne se sent pas investi de cette mission, de cet engagement-là. Mais la stature que nous donne le titre de champion olympique ou paralympique nous ouvre aussi les portes du partage, de la rencontre et de la façon dont on peut faire fructifier ce titre, qui est quand même aussi relativement une conquête individuelle et personnelle. L'ouvrir aux autres permet de les accompagner, de leur offrir un nouveau cheminement, de leur ouvrir les portes de la découverte et de l'introspection par le sport. Je pense qu'un sportif qui en a envie peut également s'épanouir dans cette mission-là. Ensuite, pour certains, cette médiatisation peut aussi être très écrasante. Il faut vraiment bien la gérer et surtout s'engager dans une voie post-titre olympique ou paralympique, dans quelque chose qui résonne pour vous. Je pense que c'est absolument essentiel de bien gérer ce titre, car finalement il nous change, mais il nous change dans la bonne voie, celle de ce qu'on attend de nous-même. Et ça, chaque champion doit le décider de façon individuelle.

T. R. : Il ouvre des perspectives.

Ph. F. : Oui, mais vous parlez comme deux grands sages, et quand on est champion, on est jeune. Et en fait, vous dites qu'il faut savoir être sage quand on est très jeune. Est-ce que la performance apporte la sagesse ? Je pense en particulier à l'étonnant Mbappé.

T. R. : Mais c'est aussi parce qu'il est sage et qu'il a une très bonne capacité d'analyse que Mbappé est un grand champion. Il a un regard spécifique sur les choses et il est aussi sûrement bien accompagné. L'éducation et l'environnement sont des éléments clés, mais il y a aussi les qualités innées, bien sûr.

M.-A. L. F. : Il est important de ne pas faire entrer dans une norme les champions olympiques et paralympiques. Je pense que c'est absolument essentiel. Ce qui fait la beauté du sport, c'est que chaque champion va vivre son titre différemment. Chacun va vivre et mener sa carrière de façon très différente de l'autre, et il n'y a pas d'intérêt, je pense, à normaliser pour atteindre le même objectif pour tous les champions. De mon point de vue, ce serait casser la richesse que nous apporte le sport dans les parcours qu'il nous propose, dans une façon de vivre qui peut être très différente. Et on va avoir un Mbappé qui peut être très policé et très normalisé sur certains points, et d'autres champions qui le sont beaucoup moins, mais qui ont également du positif à apporter à la société. Je pense qu'il faut aussi faire attention, finalement, à ne pas vouloir brosser un portrait-type du champion olympique ou paralympique, au risque de briser la richesse et la diversité des profils.

Ph. F. : Et en dehors de vos qualités athlétiques, personnelles, de vos efforts personnels, qui pensez-vous associer à vos titres ?

> **Il faut aussi faire attention, finalement, à ne pas vouloir brosser un portrait-type du champion olympique ou paralympique, au risque de briser la richesse et la diversité des profils."**
>
> Marie-Amélie Le Fur

T. R. : Je l'ai déjà évoqué : l'environnement est essentiel car il faut se sentir soutenu. À titre personnel, j'ai eu la chance d'avoir des parents qui nous laissaient très libres. On faisait ce dont on avait envie, chacun à sa manière, pour s'accomplir. Ils nous soutenaient. Ils n'étaient pas envahissants. On a tous en tête la caricature du parent du jeune espoir de tennis, alors que moi, j'ai vraiment eu la chance d'avoir un père et une mère qui m'ont laissé libre de mes choix et qui m'ont encouragé, soutenu; c'est vraiment très important. Ensuite, il y a le maître. J'ai eu la chance de connaître un garçon qui s'appelait Bernard Tchoullouyan, qui avait quelques années de plus que moi. Et quand j'avais 15 ans, il est venu entraîner dans mon club et m'a donné des clés. Par la suite, je me suis retrouvé en Équipe de France avec lui. Puis j'ai créé des clubs. Il est devenu mon manager, j'étais son président. C'était devenu mon frère. Donc oui, c'est très important ça, d'avoir autour de soi deux ou trois référents, que ce soit à l'entraînement ou en compétition.

M.-A. L. F. : Je ne vais pas apporter beaucoup de nouveauté, je suis totalement en accord avec ce que vient de dire Thierry. Pour moi, il y a eu effectivement mes parents, ma sœur, mon mari, qui ont toujours été là et qui m'ont tenu la main. Cependant, ils ne m'ont jamais poussée. C'est vraiment l'essentiel, je restais maître de mes choix. Ils ont toujours été présents pour m'accompagner et pour me remonter le moral quand il y avait des moments un peu difficiles. Parce qu'être sportif de haut niveau, ce n'est pas facile tous les jours. Il y a des périodes de doute, des périodes très difficiles, et dans ces moments-là, le conseil et l'accompagnement ont toujours été absolument essentiels pour moi. Et puis il y a la présence des coachs, qui est tout aussi essentielle. J'ai à ce sujet une histoire un peu singulière à raconter concernant mon accident. Mon coach, c'est la personne qui m'a fait courir après mon accident. Il était instructeur avec moi chez les pompiers, et c'est vers lui que je me suis tournée quand j'ai eu mon accident, parce que j'avais confiance en lui. J'avais l'impression qu'il avait la capacité cognitive d'accepter la nouvelle personne que j'étais devenue parce que mon schéma corporel avait évolué : il était nouveau, je ne le maîtrisais pas bien et je sentais que lui avait la capacité de m'aider à apprendre et à maîtriser ce nouveau corps. Et je ne me suis pas trompée, parce que c'est lui qui m'a aidée dans ma rééducation, qui m'a fait courir à nouveau, qui m'a fait gagner tous mes titres paralympiques. D'ailleurs, je n'en ai pas gagné après son départ. C'était une relation très particulière. Comme le dit Thierry, quand on est sportif de haut niveau, on apparaît un peu comme une personne très forte, très courageuse. Dans les faits, lorsque j'étais sur la ligne de départ du stade à Londres, avec 80 000 spectateurs, je cherchais le regard de mon coach pour y trouver l'approbation et la confiance. Le fait de le voir, avant mon 100 mètres, m'adresser un hochement de tête me donnait confiance en moi. C'est un regard qui est à la fois confortant et rassurant dans les moments difficiles. Le coach est également, en tout cas pour moi, celui qui peut vous remettre sur le droit chemin et vous rappeler qui vous êtes et d'où vous venez afin que vous ne vous dispersiez pas. J'en avais besoin.

T. R. : Par exemple, lors d'un match de tennis, on voit souvent les compétiteurs regarder vers le coin où est leur coach. Nous avons tous besoin de ce soutien pour nous protéger de la difficulté. Et puis il y a beaucoup de compétiteurs et de monde, beaucoup d'entraîneurs et, dans cette multitude, le coach, c'est un peu le nid.

Marie-Amélie Le Fur

Passionnée d'athlétisme depuis son plus jeune âge, Marie-Amélie Le Fur est amputée à la suite d'un accident de scooter en 2004. Bien que cet accident ait brisé son rêve de devenir sapeur-pompier professionnel, elle se construit, grâce à l'accompagnement de ses proches, une nouvelle vie tournée vers le sport.

Marie-Amélie Le Fur effectue ses premières foulées de course à pied seulement quatre mois après l'accident. Une grande aventure sportive débute alors: triple vice-championne du monde à Assen (100 mètres, 200 mètres, saut en longueur) en 2006, double vice-championne paralympique à Pékin en 2008; double championne du monde à Christchurch en 2011; et en 2012, triple médaillée aux Jeux paralympiques de Londres avec l'obtention du titre suprême: celui de championne paralympique du 100 mètres. Marie-Amélie Le Fur se lance dans une nouvelle paralympiade à Rio en 2016. Avec deux médailles d'or, deux records du monde et une médaille de bronze, son bilan sportif est plus que complet. Après une nécessaire pause sportive, Marie-Amélie Le Fur reprend la compétition à l'été 2018: elle devient ainsi championne d'Europe de saut en longueur à Berlin, battant le record du monde. Elle sera la première femme amputée à franchir la barre des 6 mètres (record du monde à 6,01 mètres). Marie-Amélie Le Fur mettra fin à sa carrière sportive en 2021, lors des Jeux paralympiques de Tokyo, avec une médaille d'argent en saut en longueur.

En parallèle de sa carrière sportive, Marie-Amélie Le Fur mène une carrière professionnelle chez EDF depuis mars 2013, dans un premier temps en tant que conseillère à la conduite du changement, puis en charge de l'ancrage territorial. Marie-Amélie Le Fur est actuellement présidente du Comité paralympique et sportif français (depuis décembre 2018). Pour elle, cet engagement au CPSF se situe dans la continuité de ses actions de sensibilisation pour favoriser l'accès au sport et l'inclusion des personnes en situation de handicap, initiées en 2012.

Ce que m'a apporté le sport, c'est la capacité d'apprendre, de découvrir, de faire des rencontres, d'essayer, d'échouer et de finir par réussir."

Marie-Amélie Le Fur

Ph. F. : La recherche de la performance sportive, en quoi vous a-t-elle changée ? Faut-il la dégrader ou l'oublier dans ses rapports aux autres ou bien, au contraire, est-ce un moteur parce que je suis exigeante pour tout dans la vie, pour mon mari, pour mes enfants, pour mes collaborateurs ?

M.-A. L. F. : Tout dépend ce qu'on met derrière la notion de performance. Je pense que ce qui la caractérise le plus, c'est la question de l'exigence et du challenge. C'est une valeur très importante pour moi, et si j'ai fait le choix du sport et de la compétition, c'est bien qu'il y a quelque chose qui raisonne en moi et que c'est ce que j'aime par dessus tout. Pour autant, ce n'est pas le modèle premier que je demanderais à quelqu'un qui souhaite pratiquer un sport. Et ce que m'a apporté le sport, c'est la capacité d'apprendre, de découvrir, de faire des rencontres, d'essayer, d'échouer et de finir par réussir. Et toujours cet objectif du défi qui vous guide. Finalement, grâce au sport, j'ai réussi à intégrer, par exemple, la notion d'objectif progressif. J'ai beaucoup appris sur moi-même, sur mes forces mais aussi sur mes faiblesses. Et je pense que c'est important aussi de connaître ses propres limites, de les accepter et d'essayer, dans la mesure du possible, de les challenger. Ça m'a permis d'avoir des cartes en main pour réussir ma vie professionnelle, que je mène un peu de la même façon, c'est-à-dire en choisissant de relever des défis sur la base de mes compétences, et donc éventuellement d'en acquérir de nouvelles, ce qui peut me remettre en question. Mais j'aime ça, parce qu'une fois qu'on a réussi, on est content de ce qu'on a obtenu et de ce qu'on a accompli.

Ph. F. : Et dans le rapport aux autres, comment intégrez-vous cette notion d'exigence que nécessite la performance ?

M.-A. L. F. : Je mentirais si je disais que je n'ai pas été exigeante avec les autres, parce que je l'ai été énormément avec mes coachs. J'avais un niveau d'exigence avec eux qui était très élevé. Mais cela nécessitait d'abord que je me l'applique à moi-même afin de pouvoir établir un rapport cohérent avec eux. Cela étant, je crois que dans le milieu professionnel j'ai un peu plus d'empathie que ce que je pouvais avoir quand j'étais athlète de haut niveau.

T. R. : Sur la pratique du très haut niveau, l'exigence est un paramètre essentiel. On peut y ajouter l'envie, l'envie qui nourrit l'exigence. Je l'ai eue très petit. C'est-à-dire que je considère que j'ai eu autant de plaisir à être champion olympique que, à 13 ans, d'être champion d'Île-de-France... Pour moi, c'était extraordinaire de devenir champion d'Île-de-France à seulement 13 ans. Ensuite, ce sont des paliers que l'on franchit un à un. Mais l'exigence demeure la même. Il s'agit en fait d'une auto-exigence qui se traduit par les efforts que l'on fait : comment on va se mettre dans le rouge, comment on accepte de souffrir. Parce que le très haut niveau, c'est une souffrance. Dans les sports de combat notamment, mais également dans les autres disciplines. Quand on fait des séries de 400 mètres, c'est l'enfer. Et quand on fait dix fois 400 mètres avec juste une minute de récupération, c'est une exigence physique incroyable. Puis, un jour, cette exigence, on l'a moins. Le jour où j'ai moins eu envie de m'entraîner, j'ai arrêté parce que l'exigence passait par l'entraînement. Après, dans la vie, oui, on est exigeant, mais heureusement que la vie est multiple. Et moi, j'aime beaucoup vivre, je suis un épicurien. Mais il y a des moments où, dans le travail en particulier, on doit se concentrer parce que c'est absolument nécessaire. C'est le cas quand on tourne un film par exemple, on se recentre et puis après on déconne, on rigole. Mais on sait qu'on peut appuyer sur le bouton quand on veut.

Ph. F. : Marie-Amélie, ne pas obtenir un titre lors d'une compétition, est-ce que c'est vécu comme un échec ? Et est-ce qu'on peut partager un échec et avec qui ?

M.-A. L. F. : Je sais que ce discours n'est pas celui d'une championne paralympique, et les médias me l'ont beaucoup reproché. Mais j'ai aussi beaucoup cheminé sur cette réflexion-là au cours de ma carrière. Et oui, je suis capable d'accepter de ne pas gagner un titre si les raisons en sont que j'ai simplement trouvé plus forte que moi. Si j'estime, le jour J, que finalement j'ai tout mis en œuvre pour y arriver, que je n'ai pas fait d'erreur, que j'ai dépensé toute l'énergie que j'avais en moi, qu'au niveau du plan d'entraînement j'ai respecté les conseils des coachs, alors j'accepte simplement que ce jour-là, ce titre-là n'était pas fait pour moi et que j'ai trouvé plus forte que moi. En revanche, je vis plus mal une défaite si je n'ai pas su tout mobiliser en moi. C'est notamment ce que j'ai connu sur mon dernier titre : je suis frustrée de ne pas avoir gagné parce que je sais très bien que ce jour-là, le jour où j'étais mise en concurrence à Tokyo, j'avais les capacités physiques de faire beaucoup mieux. Mais je me suis détraquée mentalement et moralement pour différentes raisons. C'est en fait un auto-détraquage qui a conduit à l'échec. J'ai été déçue comme je l'ai été en 2008 où, à l'époque, je n'avais pas pris la mesure de ce qu'étaient les Jeux paralympiques ; je ne m'étais pas entraînée correctement sur les autres deuxièmes places de ma carrière. C'est juste que le jour J, je n'avais pas encore les armes nécessaires pour gagner. Finalement, pour moi, l'échec, c'est lié à l'investissement. Ce n'est pas nécessairement lié au résultat.

Ph. F. : Dans le haut niveau, ça se traduit par une très bonne connaissance de soi. D'abord de son corps mais une parfaite connaissance de soi également.

M.-A. L. F. : C'est une acceptation de soi que de se dire qu'on a beau être de grands champions, nous avons des limites et nous ne sommes pas toujours les meilleurs au monde.

"

Le jour où j'ai moins eu envie de m'entraîner, j'ai arrêté parce que l'exigence passait par l'entraînement."

Thierry Rey

Ph. F. : Est-ce qu'on peut apprendre l'évitement de l'échec et le transmettre ?

T. R. : L'échec est induit par la pratique sportive de haut niveau. À la fin de la journée, il y en a un seul qui gagne et il y en a quarante qui rentrent au vestiaire. En fait, il y en a deux autres qui ont la chance d'être sur le podium. Il y en a cinquante qui sont dans les tribunes depuis cinq heures à vous regarder, et ils sont en situation d'échec. Il faut aussi savoir ça quand on s'engage sur le chemin du haut niveau.

M.-A. L. F. : Donc tu considères que l'échec, c'est ne pas gagner ? Tout dépend de ton objectif à la base.

T. R. : De manière première, quand tu perds, c'est un échec par rapport à tout ce que tu as engagé pour gagner. Pour moi par exemple, il était impossible que je ne gagne pas, je ne voulais pas l'échec. Donc j'ai été champion de France tous les ans. Il me manquait que le titre de champion d'Europe. J'ai fait six championnats d'Europe, que j'ai perdus, et oui, j'étais en situation d'échec. Je me disais : « Ce n'est pas possible que tu ne sois pas champion d'Europe un jour. Ce sera un échec sur les lignes de ton parcours sportif. » J'ai finalement réussi à être champion d'Europe au bout de six ans. Et comme je voulais continuer, je suis allé faire les Jeux méditerranéens pour les gagner aussi, parce que je refusais l'échec. Je suis dans un sport où, quand vous êtes vice-champion d'Europe, vous faites la gueule, contrairement à d'autres athlètes qui se satisfont d'une troisième place. Moi, il fallait que je sois le premier du monde dans ma catégorie. L'échec, il est très, très dur à avaler. Mais ensuite il sert à faire un bilan : techniquement pourquoi a-t-on

Thierry Rey

Thierry Rey débute la pratique du judo à l'âge de 9 ans. Combattant dans la catégorie des moins de 60 kg (super-légers), il est champion du monde en 1979 et champion olympique en 1980 lors des Jeux olympiques de Moscou. C'est le premier judoka français à réussir ce doublé. Il sera par ailleurs champion d'Europe à Paris en 1983, champion d'Europe par équipes en 1978 et 1982 et six fois champion de France. Membre de l'Équipe de France de 1978 à 1984, Thierry Rey est 8e dan de judo.

Thierry Rey est la fois déterminé et curieux du monde et des autres. Sa vie sera jalonnée d'expériences professionnelles extrêmement variées, comme en témoigne le titre de son autobiographie, *Sept vies*, publiée chez Stock en 2018.

C'est ainsi que de 1987 à 1996, il sera acteur pour le cinéma, le théâtre et la télévision.

Journaliste spécialisé pour Canal+ de 1992 à 2008, il commente de nombreux événements sportifs et sera parallèlement, de 1992 à 2002, président fondateur du PSG Judo et président fondateur du Lagardère Paris Racing Judo de 2007 à 2010, pour ensuite accompagner en tant que directeur, de 2008 à 2010, le groupe Lagardère dans le développement du sport de haut niveau.

De 2012 à 2014, il sera conseiller sport, jeunesse et vie associative au cabinet de la présidence de la République. Nommé inspecteur général de la jeunesse et des sports en 2014, il intègre la même année, en tant que conseiller spécial, le cabinet du ministre de la Ville, de la Jeunesse et des Sports, Patrick Kanner.

Il est aujourd'hui conseiller spécial auprès du Comité d'organisation des Jeux olympiques et paralympiques Paris 2024, après s'être fortement impliqué en faveur de la candidature de Paris à l'organisation de ces Jeux.

Thierry Rey est officier de la Légion d'honneur, officier de l'Ordre national du Mérite, et a reçu la Médaille d'or de la Jeunesse, des Sports et de l'Engagement associatif.

perdu, comme a-t-on perdu, dans quel contexte ? Parce que certains jours on est génial, et d'autres on est nul, on ne sait même pas pourquoi.

M.-A. L. F. : Je ne partage pas ce sentiment car pour moi, intrinsèquement, tu t'alignes sur certaines compétitions où tu sais que tes qualités de base ne te permettent pas d'être finalement celui ou celle qui était attendu(e) sur le titre. Pour autant, effectivement, j'arrivais avec le *mindset* de me dire : « C'est une course où tout est possible, donc je vais donner le meilleur de moi-même. »

T. R. : Ce n'est pas un échec si tu sais que ton niveau général ne te permet pas de gagner.

M.-A. L. F. : Et c'est là où je trouve que tu peux effectivement, entre guillemets, te satisfaire d'une médaille qui n'est pas celle du titre. Mais ce qui est différent dans nos pratiques sportives respectives, c'est que toi au judo, dans les sports collectifs, dans le tennis de table, dans les sports d'opposition, tu vas perdre pour obtenir la deuxième place là où nous, quand on court, on parcourt 100 mètres. On va conquérir la deuxième place.

T. R. : Il y a également les valeurs. On sait très bien au tennis, quand le numéro 2 mondial rencontre le numéro 150, que les niveaux ne sont pas les mêmes et qu'il y a peu de surprise à attendre du résultat. En athlétisme, vous courez pour réaliser un temps pour essayer d'aller encore plus loin et encore plus vite, alors que nous, au judo, on est opposé à quelqu'un. Tout d'un coup, il y a quelqu'un qui va nous battre, et c'est ce qui arrive à de nombreuses occasions. Le tennis de table, c'est pareil. C'est aussi la discipline dans laquelle on s'exprime qui fait que l'on ressent plus ou moins l'échec.

Ph. F. : Comment justement gérer cette relativité par rapport au reste du monde, que tout n'est pas judo, tout n'est pas course, et que les succès et les échecs vécus dans ce cadre ne peuvent réduire vos vies ?

T. R. : Je me souviens d'un journaliste qui est venu dans ma chambre après une compétition que j'avais perdue. Je ne savais pas si j'allais continuer. J'étais perdu. On a eu une discussion, à Moscou, dans une salle de bains russe, dans un hôtel pourri, mais c'était profond parce que c'était fort. C'était amical, c'était une relation forte. Il a fait le maximum pour me sortir de cette situation. Cependant, dans les moments difficiles, il ne faut compter que sur soi-même. Même les parents ne peuvent pas nous dire les mots qui rassurent, car ils ne comprennent pas tout. Mais ça fait partie du jeu. Il faut apprendre de nos échecs. Il faut se faire violence.

M.-A. L. F. : Je pense que le résumé, c'est ça. Il faut apprendre de ces situations-là. Elles sont vraiment très difficiles. Je me souviens de 2011 qui a été véritablement pour moi un échec dans ma carrière parce qu'à l'époque j'étais la meilleure au monde. J'étais sur un gros pic de forme. Je me présente avec le record du monde et la meilleure performance mondiale de l'année. Je m'aligne sur le concours de longueur et là, je me fais sortir avant la finale parce que je me détraque totalement mentalement, parce que je n'ai pas confiance en moi, parce que je ne trouve plus mes marques. J'étais terriblement déçue de moi-même. Et derrière ça, effectivement, il y a de la colère, il y a de la tristesse. Il y a l'impression qu'on a déçu tout le monde, et c'est un moment qui est très difficile. À ce moment-là, on n'a pas envie d'entendre : « Ce n'est pas grave, tu feras mieux après, ça arrive. » Et il y a une phrase qui m'a marquée. C'est celle de quelqu'un qui n'a pas été dans le même discours que les autres et qui n'a pas cherché à dédramatiser l'échec. En gros, il m'a tout simplement dit : « Tu sais, Marie, on ne reconnaît pas les champions au fait qu'ils n'échouent pas, mais à leur capacité à se relever de leur échec. » Déjà, lui, il mettait des mots sur ce qui venait de se produire, c'est-à-dire que c'était un échec, mais qu'en même temps, ça faisait partie de la carrière d'un athlète de haut niveau et que je m'en remettrais. Ça voulait dire aussi qu'il avait encore confiance en moi, que j'étais vraiment une championne.

> **L'enjeu des JO est de faire rayonner notre équipe nationale, envoyer un message très fort sur la capacité à performer des personnes en situation de handicap, dans quelque chose qui est autre que la norme sociale de la performance à laquelle nous sommes culturellement habitués."**
>
> Marie-Amélie Le Fur

Ça m'a aidée à repartir. Quelquefois, il y a des choses toutes simples, comme de se dire : « Ben oui, j'ai échoué. Voilà, c'est comme ça, ça va faire partie de mon histoire, mais maintenant on va faire en sorte que ça ne se reproduise plus. »

Ph. F. : Quel est l'homme ou la femme que vous admirez le plus ?

T. R. : Pour moi, c'est Mohamed Ali avec son parcours et les discours qu'il a tenus dans une situation sociétale particulière, ses prises de position, ses années de prison. Au-delà du personnage sportif, c'est quelqu'un d'incroyable. Mon autre idole absolue, c'est Charlie Chaplin. Pour ce qu'il a su faire de son art, pour ce qu'il raconte dans ses films, pour ses propos politiques et son inventivité. Ces deux hommes célèbres nous emmènent vers la sensibilité sans les mots. C'est merveilleux ce qu'ils nous racontent de la vie et des êtres humains. Je trouve ça formidable.

M.-A. L. F. : J'ai toujours beaucoup de mal à répondre à ces questions-là, parce que je suis très attachée à l'humain ; en fait, je pense que j'ai besoin de rencontrer la personne pour vraiment comprendre son parcours de vie et faire en sorte que cela résonne chez moi. Les grandes figures du monde politique, culturel ou sportif, si je ne les ai pas rencontrées, ça ne m'intéresse pas car ce que je veux, c'est creuser et comprendre. La question de l'idole, du rôle modèle, ce n'est pas quelque chose qui me parle. J'ai besoin de rencontres réelles. Mes sources d'inspiration et les gens qui m'ont le plus marquée, ce ne sont pas des gens célèbres. En fait, ce sont les parrainages d'associations ainsi que les familles et les parents d'enfants en situation de handicap que j'ai rencontrés qui ont été pour moi une grande source d'humilité. Je pense que c'est ce dont j'avais besoin. Et ce sont finalement des anonymes, qui ont simplement voulu vivre le cours de leur vie et non celui que souhaitait leur imposer la société, qui ont marqué ma vie et l'ont changée durablement.

T. R. : Je pense également à Alice Milliat, qui est la pionnière du sport féminin. Elle a organisé la première compétition féminine et a milité pour que les femmes intègrent les Jeux olympiques, ce que ne voulaient ni Pierre de Coubertin ni le CIO. Elle a mis en place des compétitions internationales et a créé la Fédération des sociétés féminines sportives de France. C'est intéressant, les parcours des gens. C'est fascinant de voir d'où ils partent et où ils arrivent.

M.-A. L. F. : Ça rejoint ce que tu disais. Tu gagnes ton titre et qu'en fais-tu ensuite ? Selon moi, les images marquantes font les personnages les plus marquants du sport. Ce n'est pas forcément ceux qui ont le plus gros palmarès, ce sont ceux qui l'ont fait fructifier pour faire avancer des enjeux sociaux et sociétaux. Un peu comme Alice Milliat l'a fait. Elle s'est investie en tant que personne pour ouvrir le monde du sport aux femmes et donner leur place aux femmes.

Ph. F. : Qu'attendez-vous, Marie-Amélie, des prochains Jeux paralympiques de Paris 2024 ?

M.-A. L. F. : Mon premier souhait, c'est d'avoir une Équipe de France qui réussit et qui rayonne. Je pense que c'est absolument essentiel pour nous, pour conforter nos athlètes dans ce qu'ils sont, dans leur préparation, et finalement aussi dans toute l'évolution du modèle sociétal de financement de la performance paralympique qui est en train de se mettre en place. C'est le premier enjeu. Le second, c'est celui du rayonnement de cette Équipe de France. Parce que faire rayonner notre équipe nationale, envoyer un message très fort sur la capacité à performer des personnes en situation de handicap, dans quelque chose qui est autre que la norme sociale de la performance à laquelle nous sommes culturellement habitués. Je pense que ça, c'est un message très fort à envoyer aux Français, à la société française, sur les compétences et les capacités des personnes en situation de handicap. L'objectif n'est absolument pas de transformer en héros les personnes en situation de handicap, nos sportifs en situation de handicap, mais de faire comprendre que ce sont des sportifs comme les autres, qui ont souhaité s'exprimer sur le terrain de la compétition, qui ont réussi. Et si c'est possible pour eux, ça veut dire qu'il y a d'autres domaines dans lesquels les personnes en situation de handicap peuvent réussir. Ça, c'est sur le volet de la haute performance. Mais on attend aussi de ces Jeux un changement plus durable. C'est tout l'enjeu de l'« Héritage », cette place du sport dans la vie des personnes en situation de handicap : on veut qu'elle soit renforcée, maximisée à la suite de ces Jeux. Tout simplement parce que faire du sport, c'est se comprendre soi-même, c'est se démontrer aux yeux des autres. Et ça, c'est absolument essentiel. Actuellement, la pratique sportive des personnes en situation de handicap est bien trop faible. Il faut absolument la renforcer, parce que c'est envoyer un message individuel, mais aussi un message collectif. C'est aussi d'avoir des leviers d'action et de démonstration sur des enjeux tels que l'accessibilité, le transport, l'employabilité des personnes en situation de handicap. On sait très bien qu'un événement planétaire comme les Jeux paralympiques peut favoriser cette ouverture d'esprit. Et la France en a véritablement besoin. Parce que oui, même si la place des personnes en situation de handicap a très largement évolué depuis quelques années, on a vraiment besoin de donner un coup de *booster* en France. Et je pense que ce *booster* peut être incarné par les Jeux paralympiques.

Ph. F. : Si on revient sur la notion de regard, le regard par rapport à une personne en situation de handicap, c'est souvent « on se détourne » ou « on insiste ». Qu'est-ce qu'un bon regard ?

T. R. : J'ai eu la chance d'être parrain de l'équipe paralympique à Athènes. À cette époque, en 2004, quand on arrive, on a ce regard-là au début, on ne connaît pas. Quand on ne sait pas, on ne connaît pas. Puis on rentre dedans, et on apprend, et on comprend ; et on nous parle. Et je pense que ce que fait Paris 2024 aujourd'hui, c'est aussi ça. Londres a été révélateur des problèmes de regard, notamment sur la compétition aux Jeux paralympiques. C'était incroyable. Le défi, enfin un des paramètres de réussite des Jeux de Paris, ce sera la manière dont on va organiser les événements des Jeux paralympiques et olympiques dans les mêmes stades et avoir toujours ce souci de faire en sorte qu'athlètes olympiques et paralympiques soient une même équipe, défendent les mêmes couleurs. Il faut bien dissocier les problématiques spécifiques vis-à-vis du CIO et des instances, mais il y a vraiment cette volonté. Comment profiter de ce moment pour faire en sorte que le regard évolue et qu'au moins on ouvre les portes pour faire évoluer les mentalités ? l'accessibilité, les transports, parce que c'est notre quotidien. Attention, les Jeux olympiques et paralympiques ne régleront pas tout, que ce soit en matière de chômage lorsqu'on parle d'emplois en Seine-Saint-Denis ou en termes de parité, de développement durable… on ne peut pas tout régler. Mais on peut profiter de cette opportunité. Je le dis souvent lors de mes interventions, les Jeux olympiques et paralympiques doivent marcher sur leurs deux jambes. On doit marcher sur nos deux jambes. Ce sont les Jeux olympiques et les Jeux paralympiques, ces deux grandes compétitions, qui constituent le plus grand événement au monde et qui n'en font qu'un. C'est cela qui doit entrer en résonance auprès des Français.

M.-A. L. F. : En fait, c'est tout simplement de comprendre que les normes dans lesquelles on évolue sont pour l'instant trop restrictives, car on a l'impression que pour faire quelque chose, il faut avoir deux bras, deux jambes. C'est finalement comprendre que la capacité à mener un projet peut s'exprimer par différentes voies et donc par des individus issus de la diversité, notamment d'un point de vue de la norme corporelle, quand il s'agit du handicap. C'est une vraie évolution des états d'esprit sur cette question-là. Se dire que notre corps est source de différence. Cette diversité, sachons nous en nourrir. Regardez la manière dont le sport a réussi en adaptant son environnement. Que sont en fait les Jeux paralympiques ? C'est une compétition sportive où on a adapté l'environnement et les règles pour mettre des athlètes en situation de handicap en capacité de démontrer leur performance. Pourquoi ne serions-nous pas capables de le faire dans d'autres domaines de la société, et pourquoi finalement les entreprises ne pourraient-elles pas le faire ? Il suffirait de mettre en place des environnements permettant à la personne en situation de handicap de délivrer le meilleur d'elle-même. C'est absolument essentiel. Et pour revenir sur votre question, lorsque vous avez cité deux types de regard, celui qui juge et celui qui se détourne, selon moi, il en existe un troisième, qui est fondamental. C'est celui, tout simplement, qui questionne. On oublie souvent le regard innocent de l'enfant. Je le vois avec ma fille quand elle me regarde. Elle a bien compris que j'étais différente. Elle a bien vu que je n'étais pas une maman comme les autres et que mon corps n'était pas fait comme le sien. Et pourtant, elle ne me juge pas. Néanmoins, ma différence l'interroge, et c'est mon rôle de maman de lui expliquer qu'elle a deux jambes et que moi je n'en ai qu'une, alors que pour autant je peux faire les mêmes choses qu'elle. Quelquefois cependant, je les fais différemment, comme lorsque je monte un escalier ou que je me lève le matin. Finalement, me voir faire autrement l'aide à comprendre qu'il n'y a pas qu'une seule et unique façon d'agir ou d'interagir. Il y en a de multiples, qui sont liées à nos qualités, à nos capacités intrinsèques.

Ph. F. : Pour revenir sur le biais cognitif, il y a souvent dans le regard sur le handicap une assignation à ce qu'on ne peut pas faire. Et ce que je trouve très intéressant dans le paralympique, c'est qu'on découvre que la population générale ne peut pas faire le quart de ce que vous faites.

M.-A. L. F. : Ça ouvre le champ des possibles et on en a véritablement besoin.

Ph. F. : Je trouve que ça change le regard. Simplement ce regard, il s'entretient, et il s'entretient par des infrastructures, par du comportement, par de la pratique quotidienne.

M.-A. L. F. : Et aussi par le fait d'être davantage confronté à la situation de handicap. C'est aussi comme ça qu'on apprend à vivre avec l'autre. C'est quand on y est confronté au quotidien qu'on peut échanger, qu'on peut se rencontrer et que finalement, on va mesurer la compétence et la capacité de l'autre. C'est pour ça que pour nous, un des enjeux de Paris 2024 est de renforcer le maillage territorial des clubs, pour faire en sorte que dans la pratique sportive de proximité, on retrouve ce lien à la personne en situation de handicap et qu'au sein d'un même club chacun puisse pratiquer avec sa diversité, sa différence, pour montrer le champ des possibles à la fois à la personne en situation de handicap elle-même mais aussi au grand public.

Ph. F. : Ça, c'est un énorme enjeu. Que pensez-vous de vos performances respectives ?

T. R. : Pour moi, quelqu'un qui court et qui gagne, c'est dingue. J'étais à Londres en 2012 et je suis devenu fou. Il y avait 80 000 personnes qui gueulaient partout, il y avait plusieurs courses dans différentes catégories, c'était incroyable. C'est simple, pour moi, Marie-Amélie est une athlète de haut niveau qui performe et qui a gagné. Je n'ai pas de connotation paralympique, cela m'est égal. Moi, je vois quelqu'un qui s'est entraîné, qui court vite, qui saute loin. Je trouve qu'entre champions qui ont réussi, on se comprend assez vite, on a des caractères très différents, mais il y a du respect parce nous savons ce que nous avons fait.

M.-A. L. F. : Je vais être totalement honnête, j'ai découvert ton parcours grâce à Paris 2024. Je me souviens de t'avoir rencontré à Orléans et qu'on m'avait dit : « Voilà, il y aura Thierry Rey, un grand champion de judo, qui sera là. » C'est à ce moment-là que j'ai commencé à regarder ton parcours. Et comme tu l'as dit, je ne vais pas porter un regard admiratif sur toi uniquement parce que tu as un titre olympique, je sais ce que ça représente. En revanche, là où j'ai un profond respect, c'est pour la façon dont tu as fait fructifier ce titre, dont tu l'as mis à profit, et là, c'est ce que tu fais pour un projet qui nous unit tous, Paris 2024, pour cette réussite des Jeux, pour la réussite d'un changement sociétal grâce au sport : c'est là où j'ai beaucoup de respect pour le champion que tu es. C'est la façon dont tu as réussi à t'engager dans la durée pour ce qui t'a animé en tant qu'athlète de haut niveau et pour l'ouvrir au plus grand nombre. C'est toujours avec un grand plaisir que je te retrouve partout dans nos territoires.

Ph. F. : Pour conclure, pensez-vous avoir été à un moment de votre vie en situation de handicap et si oui, lequel ?

T. R. : Oui, j'ai été en situation de handicap quand j'ai arrêté ma carrière. Parce que je ne voulais pas rester dans le judo. J'étais trop jeune, j'avais 25 ans parce que j'avais intégré l'Équipe de France à 18 ans. J'ai commencé jeune, mais j'ai arrêté jeune. Ça a été long. Je ne savais pas trop où aller. Alors qu'il me restait tellement d'années à vivre. Comment se redéfinir, quel regard avoir sur le monde, sur les autres ? Commence alors ce qui a été passionnant, de pouvoir déboucher sur la vie réelle et la manière dont on va s'y adapter. Durant cette période post-compétition, j'ai été assez handicapé socialement, j'ai été perdu.

Ph. F. : Et quelle a été votre prothèse sociale ?

T. R. : D'aller si possible chercher ce vers quoi j'étais appelé. Et toujours dans le rapport aux autres, la culture, etc. Mon corps a été mon moyen d'expression : j'ai donc fait du cinéma, du théâtre, et ensuite j'ai commenté des événements sportifs. Quand on arrête le sport de haut niveau, ce à quoi on s'est voué corps et âme, on ouvre une porte et il y a le monde devant nous qui se présente à nous. Et l'on se dit : où aller ?

> J'ai été en situation de handicap quand j'ai arrêté ma carrière. Comment se redéfinir, quel regard avoir sur le monde, sur les autres ? j'ai été à ce moment-là assez handicapé socialement."
>
> Thierry Rey

Ph. F. : Et pour vous, Marie-Amélie, en dehors bien entendu de votre handicap physique ?

M.-A. L. F. : Il ne faut pas oublier que le handicap est situationnel et qu'il est tout simplement lié à l'environnement dans lequel on évolue. En ce qui me concerne, au-delà des pertes d'autonomie liées à ma prothèse, j'ai rencontré énormément de situations de handicap dans lesquelles l'environnement n'était pas adapté pour moi, par exemple l'environnement social où mes compétences n'étaient pas suffisamment grandes pour affronter l'immensité dans laquelle j'étais plongée. Mais j'aime ces situations de handicap-là, parce qu'en fait, ce sont elles qui nous amènent à penser différemment, à réfléchir à nos propres limites. Et quand je suis confrontée à une telle situation, le lendemain je me dis : « Comment faire la prochaine fois pour que tout se passe mieux ? » Et encore une fois, que ce soit une situation physique ou une situation sociale, l'enjeu est toujours de retrouver de la compétence.

Quand un roman dit plus qu'un simple témoignage

L'écrivaine Valentine Goby, dans son roman *Murène* publié chez Actes Sud en août 2019, s'est emparée de la destinée d'un jeune amputé bilatéral des membres supérieurs, François, qui découvre alors dans les années 1950 les progrès de l'appareillage, de la rééducation et les premières olympiades réservées aux para-athlètes. Dans ce roman épique, l'autrice a su, de façon troublante, « entrer dans la peau » du personnage et mêler intimement récit romanesque, densité psychologique des personnages et solide documentation.

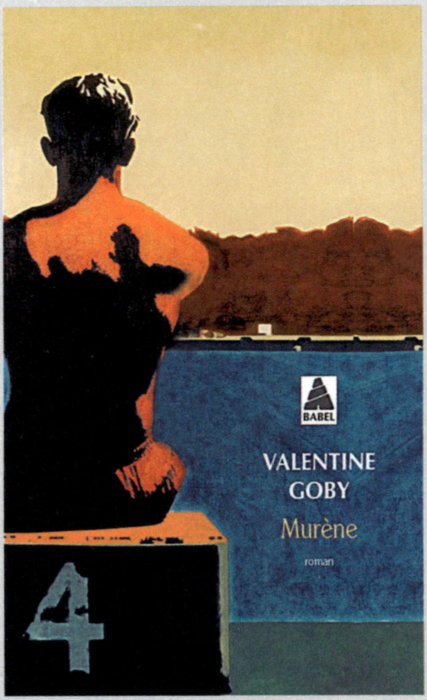

Extraits de deux dialogues édifiants autour de notre thème (page 253) :

« - ... Vous parliez du ghetto en évoquant les Jeux de Stoke Mandeville. Vous disiez que vous trouviez dommage que les handicapés soient séparés entre eux de façon si hermétique dans les rencontres sportives en général, médullaires d'un côté, amputés de l'autre si j'ai bien compris... Tout de même, ici, à la piscine, vous ne vous sentez pas dans une sorte de ghetto ? On nagera peut-être un jour avec des tas de paralysés et de polios, des aveugles, des sourds, tout ce que vous voulez... N'empêche, il est énorme le mur qui nous sépare des gens normaux. Vous avez beau dire, on y est dans le ghetto.

Philippe Braque avale une gorgée de bière.

- Vous nageriez avec des valides ?
- Non.
- Vous voyez.
- Quoi ?
- Le ghetto, comme vous dites, ce n'est pas si mal.
- L'entre-soi me déprime.
- Je n'ai pas de solution... »

Après cet échange autour de l'insertion par le sport, suit plus loin (page 301), celui de la valeur du sport pratiqué par les handicapés :

« - Le sport, le sport... avait continué Robert en lui versant du vin. Mettons de l'activité physique. Ce n'est pas du vrai sport.

Pas du vrai sport. La phrase résonnait dans la tête de François qui ne se défendait pas, plus vaincu encore qu'avant de passer à table. Pas un vrai corps, donc pas du vrai sport, la première assertion commandait toutes les autres, pas un vrai frère, pas un vrai fils, un vrai amant, un vrai amoureux, un vrai prof, un vrai ami, un vrai homme. Un handicapé en toutes choses. Il pesait dix tonnes, assis sur son banc face à Robert qui mâchait son pain et son fromage ».

INTERVIEW

de Valentine Goby

Philippe Fourny : Qu'est-ce qui vous a amenée à retenir le thème si spécifique qui caractérise *Murène,* à savoir un jeune homme amputé des deux bras, et en plus gravement brûlé? C'est un thème qu'on peut qualifier d'atypique.

Valentine Goby : D'abord, j'ai une espèce de « disponibilité » particulière pour toutes les questions qui touchent au corps, et depuis vingt ans que je publie des livres, le corps est central dans mon travail. Donc j'ai beaucoup travaillé sur le corps féminin et notamment les problématiques de la maternité, de l'enfantement, de la filiation. Et puis je m'intéresse au corps parce que c'est notre première maison et c'est notre maison à jamais. On naît avec, on meurt dedans. Ça peut être un outil formidable d'épanouissement personnel, de plaisir, de jouissance. C'est notre première relation à l'autre. Le corps, c'est à la fois une matière et une image. C'est ainsi qu'on se présente au monde. On ne le choisit pas. Et donc ça peut être une expérience merveilleuse, mais le corps peut aussi être un enfermement, un emmurement terrible. C'est cette ambivalence qui m'intéresse. Ce qu'on en fait. Puisqu'on ne l'a pas choisi, quel est le pouvoir qu'on a de le contraindre, de le modeler, de le plier à notre identité ? Comment contribue-t-il à construire notre identité ou au contraire, comment nous entrave-t-il ? La mythologie et l'art en général nous le rappellent sans cesse. Je crois vraiment que nous nous confondons en fait avec notre corps pour le meilleur et pour le pire. C'est un mariage à jamais. Il y a donc quelque chose qui me semble extrêmement humain. Quand on réfléchit au sens de la vie et surtout à la raison pour laquelle on choisit de vivre – parce que j'ai bien en tête que c'est un choix et une décision de chaque jour, de chaque instant, de chaque heure –, la problématique du corps est centrale. Elle peut être aussi associée à une réflexion autour de l'identité garçon/fille, de la couleur de peau. J'aime beaucoup m'intéresser à la différence en général dans mon travail, aussi bien en littérature jeunesse qu'en littérature adulte. Alors, quand j'entends une histoire autour du corps, elle a tendance à éveiller mon attention, qu'il s'agisse d'une histoire que j'ai lue ou entendue dans les médias ou au

> « **Le corps, c'est à la fois une matière et une image.** C'est ainsi qu'on se présente au monde.

"

Les corps disparaissent sous l'eau, il n'y a plus de corps sans bras, il n'y a plus de corps handicapé, il y a des nageurs ou plutôt des poissons."

gré de mes rencontres. Chaque fois que j'ai l'impression que ça peut nourrir ma réflexion sur ce sujet-là, j'en fais un miel qui peut se transformer en matière à écrire. Et je dois dire que le handicap a surgi de façon complètement impromptue, en septembre 2016, au moment où j'avais publié mon roman *Un paquebot dans les arbres*, qui raconte le déploiement des sanatoriums dans les années 1930 ayant accueilli la population de tuberculeux jusque dans les années 1960. C'est une problématique que je trouve intéressante à faire résonner avec l'actualité. Et à ce moment-là, j'étais quand même déjà très baignée dans toutes ces questions autour des années 1950. Puis on m'a demandé, à l'occasion d'une émission sur France Culture qui s'appelle « La Matinale des écrivains », de prendre le rôle du journaliste qui s'occupe de la revue de presse internationale. Malgré le fait que je ne sois pas journaliste, j'avais quand même envie de raconter quelque chose d'intéressant et je sentais que je n'avais pas beaucoup de valeur ajoutée à traiter des problématiques qui touchaient à ce moment-là surtout à la guerre, à la Syrie, aux migrants. Dans ces cas-là, je me réfugie en périphérie, dans l'actualité qui ne fait pas la une. Et là, j'ai lu un article dans lequel il était question de la fréquentation misérable des épreuves paralympiques en comparaison avec les épreuves dites valides. Et c'était triste, parce qu'on payait des Brésiliens pour occuper les gradins de manière à ce que les sponsors ne soient pas trop déçus. J'avais trouvé ça abominable. Une nuit, j'allume la télévision, je me dis: « Quand même, il faudrait que je voie un jour une compétition paralympique si j'évoque ce sujet-là. » Et là, je vois un bassin avec des hommes sans bras sortir des vestiaires. C'est quand même très radical comme vision du handicap pour quelqu'un qui n'en a pas l'habitude, des hommes en maillot de bain, sans prothèses bien entendu, dont certains avaient des bras mais qui n'étaient pas valides. Mais surtout, trois sportifs amputés très, très haut et dont les corps étaient presque des formes issues d'un roman de science-fiction pour moi. Alors j'étais stupéfiée. Pour tout dire, un peu gênée, déroutée. Parce que, si je suis vraiment honnête, je me suis dit: « Qu'est-ce qu'ils sont laids. » Et aussi : « Quel enfer doit être leur vie. » Voilà, j'ai été saisie par deux réactions. Donc tout le travail qui a suivi me rend honteuse aujourd'hui. Mais je pense que j'étais très représentative de ce que traversent les gens qui méconnaissent la question. Il s'agissait davantage d'un sentiment de pitié qui m'a saisie à ce moment-là. En même temps, j'étais tellement fascinée que j'ai regardé cette compétition. J'ai vu ces hommes sauter dans l'eau, mordre entre leurs mâchoires des serviettes qu'on leur tendait depuis des plongeoirs pour tenir en équilibre dans l'eau. Ce sont des visions totalement insolites. Et puis le départ de la course est donné. Et là, les corps disparaissent sous l'eau, il n'y a plus de corps sans bras, il n'y a plus de corps handicapé, il y a des nageurs ou plutôt des poissons. Ce que j'ai vu relevait d'une espèce d'enchantement en fait, comme si, par magie, ces corps s'étaient transformés pour s'adapter à un milieu autre ou que ce milieu-là avait réussi à les accepter comme le milieu terrestre ne parvenait pas à le faire. Et c'était le summum de la grâce et de la beauté. La caméra passe sous l'eau et je les vois onduler d'une manière onctueuse et suave qui est vraiment bouleversante. J'avais les larmes aux yeux. C'est une émotion qui reste toujours très forte pour moi aujourd'hui. J'ai montré cette compétition des centaines de fois à des classes et à des publics de lecteurs et pourtant, chaque fois, j'en ai des frissons. Elle dure une minute quinze. Zheng Tao est devenu champion du monde. Il l'était déjà et il a réitéré son exploit. Et quand la course est terminée, ce que j'ai devant moi ce ne sont pas des handicapés, ce ne sont pas des gens déficients, ce sont des personnes accomplies, entières, magnifiques, admirables, et mon sentiment s'est métamorphosé en une minute quinze en passant de la pitié à l'admiration. Et je pense que cela fait partie des plus belles images que j'ai vues de ma vie. Vraiment. Impressionnée, je fais ma chronique pour France Culture que je baptise « Murène ». Elle raconte ce que je viens de dire en trois minutes et je ne sais pas encore que je vais écrire un livre à ce moment-là, je suis en pleine promotion d'*Un paquebot dans les arbres*. Mais ces images ne me quittent pas et je sens que je sédimente. L'idée qui commence à fermenter, c'est le handisport. Je commence à faire des recherches sur Internet et je constate que le sujet n'est pas tant documenté que ça. Moi, j'aime bien aller dans les endroits où, justement, il n'y a pas beaucoup de lumière. Et je m'aperçois qu'il y a vraiment là un sujet extraordinaire sur le regard, sur la métamorphose, qui est presque une véritable métaphore du vivant en général et de l'espèce humaine en particulier. Notre vie n'est-elle pas qu'une série de morts et de renaissances et de métamorphoses perpétuelles jusqu'à la mort, moment ultime où l'on arrête de se métamorphoser? Mais je me suis dit que ces corps-là, ces personnes que j'avais vues, me donnaient la possibilité non seulement de poursuivre ma réflexion sur le corps, mais aussi de parler de notre destinée à tous. Donc, ce n'était pas seulement des handicapés dont il était question, c'était de ma vie et de notre vie à tous. Cette dimension universelle a été pour moi le déclencheur de la possibilité d'écrire et m'a fait penser à une phrase magnifique d'un écrivain portugais, Miguel Torga : « L'Universel, c'est le particulier sans les murs. » Et il y en avait, du particulier. Il y a vraiment des corps très étranges, très insolites et en même temps, ce qu'ils portent, c'est l'image de notre condition à tous. C'est cela qui a déclenché mon désir d'écrire un livre. Et mon modèle a immédiatement été Zheng Tao, un homme amputé haut. J'ai créé un personnage de fiction qui s'appelait François et

j'avais très envie que cette histoire individuelle prenne sens à travers une aventure collective. C'est pourquoi j'ai déplacé mon histoire dans les années 1950 avec l'idée de raconter la genèse du handisport en France. Mais si j'avais découvert que c'était dans les années 1930 ou dans les années 1970, mon livre aurait été situé dans ces périodes-là. Voilà comment est né ce projet.

Ph. F. : À travers votre réponse, on sent qu'il y a dans votre roman une ambition autre que strictement littéraire. Il y a autre chose dans *Murène*. Je ne sais pas si ce sont vos démons, vos obsessions ou vos marottes mais il y a quelque chose, il y a un fil rouge dans votre œuvre et on sort de cette lecture transformé.

V. G. : Alors, tant mieux. Tant mieux, parce que moi, j'ai été transformée par ma rencontre avec ces images, puis avec toutes les recherches et les personnes que j'ai pu rencontrer. Un lecteur

CHI
arena

vierge, je veux l'amener à ce qu'il se pose les questions qui ont commencé par me traverser, même si je n'ai pas forcément d'ailleurs les réponses à toutes les questions. En tout cas, je sais qu'elles nous font grandir. C'est ce qui m'intéresse en tant que lectrice, et la lectrice que je suis aime être augmentée, déroutée, embarquée, soit parce que j'apprends des choses, mais ce n'est pas vraiment le but premier, soit parce que j'ai l'impression que de me sentir à la fois questionnée et reliée ne me sépare pas du reste de l'humanité. Au contraire, ça m'inclut à cette humanité dont j'ignore un certain nombre de choses, et cela me permet d'y avoir une place. Et en tant qu'autrice, j'ai eu certainement tendance à prendre le même chemin.

Ph. F. : Dans *Murène*, on voit et on devine une solide documentation qui a nécessité de la préparation. Je ne sais pas si, comme Simenon, vous vous êtes jetée dans la rédaction en une semaine, mais ce que l'on devine, c'est il y a beaucoup de recherches.

V.G. : Il y a un an de recherches, mais en fait plutôt quatre ans si l'on compte le temps qui s'est écoulé entre le début de la rédaction et la fin du manuscrit. Mes recherches ne se sont jamais séparées de l'écriture puisqu'elles ont alimenté dès le début des pistes pour la rédaction.

Ph. F. : Qu'est-ce qui vous a le plus marquée dans ces recherches ou dans ces rencontres?

V. G. : Au départ, je ne savais pas très bien par où commencer. Mais comme j'imaginais que la matrice première de mon personnage serait la piscine, je suis allée frapper à la porte de la Fédération handisport tout en lisant à la Bibliothèque nationale tout ce que je pouvais trouver sur l'histoire du handisport qui, à mon avis, reste encore en partie à écrire. Cependant, des chercheurs s'y sont intéressés, j'ai donc pu trouver des documents.

Au contraire, ça m'inclut dans cette humanité dont parfois j'ignore un certain nombre d'éléments et de domaines, ça me permet d'y avoir une place.

J'ai surtout trouvé le journal qui a existé dès les débuts de l'Association sportive des mutilés de France, créée en 1954 par ces jeunes résistants qui n'étaient pas des militaires et qui ont permis aux civils de penser leur situation de handicap en dehors de tout contexte militaire, même s'ils avaient, en tant que résistants, des liens avec ce monde-là. Je trouvais que c'était un sas d'accès à mon récit intéressant car ils ont très vite eu une petite revue qui s'est finalement transformée en magazine. On y découvre vraiment les tout premiers débuts de ce journal qui est extraordinaire, très informatif, très concret. La liste des activités proposées y figure, ainsi que toutes les réflexions de cette modeste association qui se réunit de temps en temps avant de devenir plus tard la Fédération handisport. Cette dernière m'a aussi accueillie. Il y a un petit service, une petite bibliothèque, qui est peu fournie mais qui m'a permis de réfléchir au domaine du sport et de la rééducation par le sport. Au départ de mon roman, j'avais bien identifié une blessure très grave, mais le scénario n'était pas déterminé et il me fallait échanger avec des médecins qui pourraient valider ou non mon hypothèse. J'ai contacté au départ le Val-de-Grâce, sans grand succès, puis le centre de Valenton. Finalement, j'ai publié sur Facebook une annonce indiquant que je cherchais un contact dans la rééducation fonctionnelle susceptible de m'aider dans l'élaboration d'un scénario avec un personnage lourdement handicapé. Une personne, qui était kiné à l'hôpital militaire de Percy, m'a dit: « Mon chef de service adore la littérature. Je vais lui demander. » Puis

Zheng Tao est le paranageur chinois dont les performances sont à l'origine de l'inspiration de Valentine Goby pour l'écriture de son roman. Communément connu comme le nageur sans bras – d'où le titre *Murène* –, il a été par cinq fois champion paralympique.

très vite, contre toute attente, le professeur Éric Lapeyre m'a répondu et je me suis retrouvée dans son bureau à Percy. Il m'a dit: « Vous êtes chez vous ici. » Incroyable ! J'ai commencé à discuter de mon scénario et c'est là que j'ai évoqué un personnage qui allait se réveiller sans ses bras. On a travaillé ensemble sur l'histoire de cette blessure pour retenir la brûlure par arc électrique. Je me suis rendu compte que le coma artificiel n'existait pas à l'époque, mon personnage allait vivre consciemment toutes les interventions réalisées sur son corps. Mes recherches devraient donc au moins autant concerner la partie médicale que la partie sportive. Ce constat a désaxé mon livre qui aurait dû alors se passer quasi exclusivement dans une piscine et qui finalement a deux matrices: la piscine et la chambre d'hôpital, puisque les soins, évidemment, sont très lourds. Elle permettait aussi de poser la question du choix de la vie, parce vivre dans un corps lourdement handicapé ne va pas de soi. Au gré de mes rencontres, la médecine et les soins me sont « tombés dessus » et se sont imposés puisque, dans l'ordre de mon livre, c'est l'hôpital qui vient avant la piscine. Je me retrouve ainsi à Percy à discuter avec à peu près tous les services de l'hôpital et les patients civils ou militaires... C'est l'ensemble de ces paroles-là qui m'a ensuite permis de créer des personnages de fiction, aussi bien la parole de l'infirmière que celle du chef de service, et tout aussi bien celle de la chef d'appareillage que celle de l'artisan qui fabrique les prothèses. Toutes ces rencontres-là ont chacune ouvert une porte. Je garde un souvenir particulièrement ému de ces vieilles dames et vieux messieurs qui m'ont reçue chez eux alors qu'ils n'avaient jamais entendu parler de moi, qui m'accueillaient et qui me racontaient comment, un jour, après avoir contracté la poliomyélite ou avoir subi une amputation due au diabète, ils s'étaient dit: « La piscine, pourquoi pas ? » Et ils me racontaient en réalité l'histoire d'un univers très éloigné du sport paralympique, qui était aussi un univers convivial où les gens se faisaient simplement des amis, des copains. Des gens pour aller boire un coup, danser ou construire aussi une histoire d'amour. C'était très précieux, parce que ça a donné de la chair à ce monde-là, qui est tellement divers. Certains ne rêvent que d'exploits et de performances, d'autres rêvent de bien-être. C'était extrêmement enrichissant d'avoir d'une part à la fois des spécialistes de la performance, une espèce d'élite dans son domaine, et d'autre part des gens tout à fait anonymes qui racontaient leur histoire sans se douter de l'ampleur que ça prendrait.

Ph. F. : On sent dans votre roman, en tout cas pour le choix de la performance par François, votre héros, qu'il est, après son accident, comme hors du temps, hors de sa vie. Après les soins et la rééducation, il revient à la vie, mais c'est une autre vie. Alors qu'il se croit perdu, il renaît, notamment grâce au sport.

V. G. : Mais en même temps, il est persuadé qu'il est perdu et ce sont les autres qui l'aident à faire le pari que finalement, peut-être que non. C'est un long travail que ce choix-là, le choix de vivre, c'est-à-dire celui de donner raison aux autres.

Ph. F. : En quoi l'écriture de *Murène* a-t-elle changé votre regard sur le handicap?

V. G. : En fait, j'ai un problème avec le langage, mais comme c'est mon outil, c'est d'autant plus intéressant de dire que je ne comprends plus vraiment le mot « handicap ». La frontière est tellement poreuse, parfois gommée, entre ce qu'on appelle le handicap et le monde des valides, que j'en viens à avoir du mal à utiliser ce mot. D'abord, j'ai vraiment compris ce que c'était qu'une situation de handicap et j'ai compris que c'était situationnel : par exemple, si j'ai le vertige ou si j'ai parfois du mal à trouver ma place dans certains groupes. Et puis physiquement, j'ai des problèmes de dos. Mais si je me casse la jambe, je vais être en situation de handicap *provisoire*. Et puis je vais vieillir, j'espère... Donc la situation de handicap est universelle, plus ou moins durable et plus ou moins invalidante selon les corps, bien entendu. C'est un mot-valise, qui, je trouve, nie la diversité et surtout la capacité de chacun. Je me rappellerai toujours cette magnifique rencontre avec David Foppolo, un ancien nageur paralympique qui a entre 55 et 60 ans aujourd'hui et qui avait accepté de me rencontrer. Il est né sans ses bras et c'est d'ailleurs le modèle du personnage de Camille dans mon livre pour la jeunesse, *L'Anguille*. Elle n'a pas été amputée, elle n'a que 12 ans. Comme j'écris pour les enfants, j'ai justement choisi de les piéger comme je l'ai moi-même été au départ devant cet écran de télévision, c'est-à-dire en les faisant imaginer un personnage dépendant de tout. Car j'ai été surprise quand je suis allée rencontrer David Foppolo à Lille. Il m'a accueillie au bout du quai avec sa veste orange flottante et il m'a dit: « On y va, je suis garé pas loin... » Et je me suis retrouvée dans une voiture dirigée par un homme qui conduisait avec ses pieds et qui m'emmenait au restaurant. C'était vraiment une journée où j'ai eu la preuve que quelqu'un dont le corps peut paraître très handicapé est en fait autonome. La seule chose qu'il ne peut pas faire, m'a-t-il expliqué, c'est attacher le bouton de son pantalon, mais il a trouvé des astuces pour le faire. « Je suis né sans bras, je ne suis pas "handicapé". » C'est d'ailleurs la phrase que répète tout le temps Camille à la classe de sixième dans *L'Anguille*: « Je ne suis pas handicapée, et moi j'ai des mains à la place des pieds. » Je reconnais que quelqu'un en fauteuil roulant qui n'a l'usage d'aucun de ses membres, qui ne peut pas articuler son corps, qui a besoin de quelqu'un pour manger, se laver ou se changer vit une situation de handicap d'une lourdeur extraordinaire, même s'il a peut-être encore la capacité de s'exprimer, de penser et d'inventer. Même si je pense aussi à ceux qui ont des handicaps lourds, une personne ne peut être réduite à son handicap. Je m'insurge contre cette assignation !

Ph. F. : Oui, une assignation à ce qu'on ne peut pas faire.

V. G. : Ce que je trouve le plus douloureux dans l'existence, c'est d'être par exemple assigné en tant que femme. C'est l'un de mes grands combats. Être assigné au handicap déplace au mauvais endroit l'admiration qu'on peut avoir pour ces athlètes. Ce qui est extraordinaire n'est pas de nager en dépit de l'absence de bras (c'est la personne qui ferait l'objet de louanges ici), mais d'être tout simplement un athlète formidable, en dehors de toute référence à la différence. J'ai lu à ce sujet un article édifiant sur l'histoire de la presse qui analysait l'évolution des titres des articles ayant trait aux Jeux paralympiques depuis les années 1960.

Ph. F. : C'est l'évolution du regard, justement, et c'est formidable, non?

V. G. : Oui car en fait, ce n'est que depuis très récemment que l'on titre sur la performance. Avant, c'étaient des hommes courage et c'était toujours le handicap, finalement, qui était souligné. Bien sûr, les prouesses sont impressionnantes. Mais le désir de ces sportifs est de prouver que, quel que soit le corps qu'ils ont, ils sont capables. Ce sont avant tout des athlètes. Je me suis aussi rendu compte que ce parcours n'était pas évident car il y avait une méfiance terrible de la part du corps

> **“ Ce qui est extraordinaire n'est pas de nager en dépit de l'absence de bras (c'est la personne qui ferait l'objet de louanges ici), mais d'être tout simplement un athlète formidable, en dehors de toute référence à la différence.**

médical face à la pratique sportive des personnes handicapées. Et même si le professeur Guttmann faisait la promotion du sport dans son hôpital, il était contre la compétition. Il était d'accord pour que ses patients se stimulent en organisant des petits concours entre eux, mais la compétition d'ordre international, la performance et l'exploit, étaient pour lui une aberration. La fonction du sport se bornait à aider le corps à se remettre du traumatisme et à rester en bonne santé. Il ne s'agissait pas de prétendre à une carrière sportive. Et donc, finalement, la presse s'est engouffrée dans cette perception. À cet égard, les premiers reportages très misérabilistes sur les sportifs concernés sont extrêmement intéressants.

Ph. F. : Avec votre roman, sans propos philosophique ni démonstratif, vous réussissez à changer notre regard sur le handicap à travers les performances sportives de votre héros.

V. G. : Je serais d'ailleurs bien incapable d'écrire un essai, me sentant plus à l'aise avec un personnage de fiction. C''est la force du roman, parce que l'approche est plus douce et plus accompagnante. Il y a davantage de place pour les émotions.

Ph. F. : Vous l'avez bien expliqué, il y a eu beaucoup de recherches et de rencontres pour écrire *Murène*, mais tout de même, à un moment, vous avez dû lâcher prise. Votre plume file, parce que vous avez emmagasiné beaucoup d'informations. Vous nous embarquez et ça, c'est formidable aussi. Ce n'est visiblement pas juste un moment dans votre carrière, c'est un jalon, n'est-ce pas?

V. G. : Oui. Je pense qu'une fois que le regard est transformé, il l'est pour toujours. J'ai beaucoup fait d'interventions auprès des enfants après la publication de *L'Anguille* en 2020, période de confinement durant laquelle le seul public encore accessible était quasi exclusivement scolaire. Ces questions-là sont presque plus faciles à aborder avec les enfants, qui n'ont pas du tout ce filtre de l'éducation empêchant de regarder la différence et la « bizarrerie » avec beaucoup de franchise, sans pour autant les hiérarchiser ou les juger. J'ai l'impression qu'en tant qu'adulte, on a le sentiment que le regard est forcément jugeant. Ce n'est pas le cas avec les enfants, le handicap les interroge parce que c'est une curiosité. Je trouve que l'espace de discussion est infini. Dans le film tiré du roman *Au revoir là-haut* de Pierre Lemaitre évoquant les gueules cassées où Albert Dupontel joue l'un des personnages principaux, il y a cette scène formidable où le personnage défiguré se retrouve dans un bus sans son masque. Le petit garçon assis en face de lui est fasciné par ce qu'il voit, car pour lui ce visage est celui d'une drôle de créature de science-fiction avec des trous là où il ne faut pas. Et l'homme en face de lui s'amuse à faire passer sa langue dans les trous de son nez. C'est très drôle, le môme éclate de rire. Je trouve ça génial. Évidemment, il se prend une volée par sa mère et l'homme se fâche. Car en punissant l'enfant, la mère nie la personne qui était reconnue par l'enfant, non pour sa laideur, mais pour ce qu'il était, un homme, certes bizarre, mais un homme capable d'entrer en relation avec autrui. Je pense que nous aurions à gagner à retrouver un peu de notre regard d'enfant sur la différence, qui est principalement nourri de curiosité.

> **“Je pense que nous aurions à gagner à retrouver un peu de notre regard d'enfant sur la différence, qui est principalement nourri de curiosité.”**

Patients est une leçon de vie

Par Philippe Fourny

Autre œuvre littéraire majeure, *Patients*, écrit par le slameur et chanteur Grand Corps Malade, nous livre un témoignage sur la métamorphose de son regard sur lui-même et celle du regard des autres.

Slameur remarqué pour l'alliance originale de ses phrases littéraires à sa voix de stentor, et toujours flanqué de sa (nécessaire) canne anglaise, Grand Corps Malade – Fabien Marsaud à la ville – marque depuis vingt ans de son empreinte la chanson française. En 2017, il témoigne dans *Patients* de son parcours de jeune sportif de haut niveau devenu tétraplégique à la suite d'un accident. Son regard est d'abord un champ de vision réduit au plafond de sa chambre d'hôpital. Il évolue au rythme lent de sa rééducation vers d'autres horizons, plus verticaux, mais toujours très proches. Ce retour sur soi et sur les autres par un homme immobile, qui n'a pour horizon durant trois mois que le plafond de sa chambre, est plein de vérité. Moments crus et moments drôles s'y entremêlent pour que ce morceau de vie finisse par résonner en leçon de vie. Nous avons choisi trois extraits qui illustrent le propos de ce numéro de *Regards sur le handicap et le sport.*

Rencontre d'abord avec ce fameux regard lorsque Farid, l'un de ses compagnons d'infortune, à qui d'ailleurs il dédie son ouvrage, lui explique comment se passe la « vraie vie » en fauteuil : « Tu vas voir, le regard des gens sur un mec handicapé se fait en plusieurs temps. Quand les gens te rencontrent la première fois, tu n'es rien d'autre qu'un handicapé. Tu n'as pas d'histoire, pas de particularités, ton handicap est ta seule identité. Ensuite, s'ils prennent un peu le temps, ils vont découvrir une facette de ton caractère. Ils verront alors si tu as de l'humour, si tu es dépressif... Enfin, ils verront presque avec surprise que tu peux avoir une vraie personnalité qui s'ajoute à ton statut de handicapé : un handicapé caillera, un handicapé beauf, un handicapé bourgeois... »

Rencontre ensuite avec l'activité physique qui est loin d'être un champ d'exclusion lorsque l'on est vissé sur son fauteuil en centre de rééducation : « Un autre truc marrant aussi, c'est la tétra-boxe. On organise dans les couloirs des petits combats de boxe entre tétraplégiques, comme si la violence physique nous manquait presque autant que le fait de pouvoir marcher ou courir. Je ne pense pas que la Fédération française de handisport aurait envie d'homologuer notre tétra-boxe, mais nous, on s'amuse bien, on s'est trouvé nos règles : une main sur la commande du fauteuil, l'autre prête à mettre des coups, et c'est parti. On se tourne autour et on essaie tant bien que mal de se mettre des coups dans le torse et dans les bras. Évidemment, ça ressemble à tout sauf à de la boxe. »

Rencontre enfin avec la nécessaire résilience qui, en matière d'activité physique, fait appel à la lucidité mais également à l'adaptabilité : « Moi, alors que mes progrès en rééducation me permettent encore de rêver un peu à un avenir sportif, c'est après une de ces visites que je comprends qu'il est temps de voir la vérité en face. Mme Challes (médecin en chef du service neurologique) a les mots justes pour te remettre les pieds sur terre. Non, je ne recourrai pas. Non, je ne remarcherai jamais normalement. Mais oui, si j'aime le sport, il y aura encore des possibilités. Elle a déjà vu des patients comme moi refaire du vélo, par exemple... » Bravo l'artiste !

ET SI ...

Et si les personnes en situation de handicap bénéficiaient, comme les valides accidentés, d'un zéro reste à charge pour pratiquer une activité physique ?[1]

La rubrique « Et si... » est l'occasion de vous faire porter le regard dans un lointain que l'on souhaite proche. Souvent peu de choses suffisent pour faire évoluer ce regard : une communication volontariste ou une loi. Le professeur François Genêt et Philippe Fourny, respectivement président et directeur général de l'ISPC, font partager leur proposition d'un zéro reste à charge pour les appareillages orthopédiques de sport. Un combat qu'ils mènent depuis plusieurs années.

Le grand appareillage orthopédique (GAO) externe, bien qu'étant un marché de niche, n'en demeure pas moins essentiel pour compenser l'altération des fonctions et la limitation d'activités des personnes en situation de handicap. À ce jour, les orthèses et les prothèses de sport et de loisir sur mesure ne sont pas prises en charge par la Sécurité sociale. Seuls les appareillages de la « vie courante » le sont sur la base d'un renouvellement tous les trois ou quatre ans, voire six ans pour certains éléments prothétiques hi-tech (un genou prothétique, par exemple). Alors que le projet

1. Cette prise de position a déjà été publiée par le Craps en avril 2022 au sein de l'ouvrage *Et si la protection sociale était au cœur du prochain quinquennat ?*

de vie de la personne en situation de handicap est au cœur de la loi de février 2005, ce droit à la pratique d'une activité de loisir ou de sport est refusé par la solidarité nationale alors qu'il est accordé aux valides. Ainsi, la réparation de la rupture des ligaments croisés du genou est prise en compte à 100 % par la Sécurité sociale, mais pas la podo-orthèse de sport de la personne atteinte de poliomyélite, ni la lame de course de l'amputé. C'est injuste et cela constitue à nos yeux une rupture d'égalité flagrante.

Mais au-delà d'un droit égal pour tous à la pratique d'un sport, l'on sait que l'exercice physique fait partie, pour les personnes en situation de handicap, de la stratégie de prévention secondaire (pour éviter la récidive, se reconstruire par le sport et améliorer son autonomie). L'augmentation significative de l'espérance de vie de cette population entraîne en parallèle le développement de pathologies chroniques bien connues de la population générale (obésité, diabète, hypertension artérielle, cancer, etc.). Ce constat justifie tout l'intérêt de l'activité physique et du sport comme partie intégrante de la prévention primaire des maladies pour la population en situation de handicap. Le succès de la pratique pour ces personnes conduirait donc

L'exercice physique représente pour les personnes en situation de handicap une prévention primaire et secondaire de premier ordre puisqu'il accroît de façon significative l'espérance de vie et surtout la qualité de vie.

potentiellement à une baisse de la consommation de médicaments, un moindre recours aux consultations ainsi que des risques de comorbidité réduits, et résoudrait ainsi en partie la problématique de l'accès aux soins pour cette population.

La création prochaine de l'Institut de santé parasport connecté (ISPC) doit être l'occasion pour la puissance publique de répondre de façon appropriée à ces attentes.

Pour mémoire, l'ISPC sera une vitrine de ce que peut proposer la France dans le domaine du parasport santé avec une approche encore unique au monde définissant et structurant l'accompagnement de la population d'une nation à la pratique d'une activité sportive de loisirs ou de compétition. Il sera également un lieu de référence national pour évaluer à la fois les potentiels d'activités de sport et de loisir des personnes en situation de handicap, mais également la pertinence médico-économique des dispositifs de compensation du handicap. L'ISPC renforcera sa légitimité et son expertise nationales en intégrant en son sein des équipes de recherche physiologique et technologique ainsi qu'un service de résidence hôtelière visant, au-delà de l'accueil de délégations de sportifs et de chercheurs, à préparer le retour au domicile des personnes en situation de handicap en fin de soins médicaux et de réadaptation (SMR) – anciennement soins de suite et de réadaptation (SSR). Enfin, l'ISPC participera à l'axe stratégique accompagnant les Jeux olympiques et paralympiques sur son site mais également dans le cadre de l'« après-JO », en apportant la valeur ajoutée indispensable de développement durable au service de l'ensemble de la population. Il est d'ailleurs le seul institut dédié au para sport à bénéficier du label « Héritages des JO 2024[2] ».

Au-delà de l'ISPC, ce projet permettrait d'envisager une prise en charge par la solidarité nationale des appareillages de sport et de loisir non inscrits actuellement dans la Liste des produits et prestations remboursables (LPPR, titre II, chapitre 7). Ce nouveau droit ouvert serait cependant conditionné par une évaluation capacitaire délivrée par des structures de niveau 3 (expertes), l'ISPC en tête.

À ce jour, ces dossiers dits d'appareillage atypique sont traités avec grande difficulté par les MDPH qui manquent d'expertise médico-technique pour déterminer si telle ou telle prise en charge est recevable ou non. L'ISPC pourrait dans ce cas devenir le centre national référent pour déterminer, selon plusieurs critères objectifs et partagés, si tel ou tel appareillage de sport ou de loisir est admissible à une prise en charge et se substituerait ainsi à l'entente préalable délivrée en région par le médecin ou l'orthoprothésiste conseil de la Sécurité sociale. Cette réforme s'inscrirait par

2. France 2024 : Faire mieux grâce aux Jeux – Liste des 170 mesures – mesure 39 : « Développer une structure universitaire de santé référente dont l'objet principal est l'expertise relative au sport pour toutes les personnes en situation de handicap quels que soient leurs niveaux ou ambitions. Les trois piliers fondateurs de cet ensemble seront le conseil pour la pratique, la recherche scientifique (technologique, physiologique) et la formation ».

ailleurs dans le prolongement naturel de la mise en œuvre en 2020 d'un système informatique national commun à toutes les Maisons départementales pour les personnes handicapées (MDPH).

On sait que l'exercice physique représente pour les personnes en situation de handicap une prévention primaire et secondaire de premier ordre puisqu'il accroît de façon significative l'espérance de vie et surtout la qualité de vie, faisant baisser la consommation de médicaments, la fréquence des consultations ainsi que les risques de comorbidité tels que l'hypertension ou la surcharge pondérale.

Le différentiel entre le déclaratif d'intention d'équipement[3] et l'évaluation capacitaire effectuée par les médecins référents conduira inéluctablement à une diminution très significative de ces volumes. L'ISPC sera la porte d'entrée étroite et obligée pour que soit examinée, par des équipes expertes de niveau 3, toute demande de prise en charge des appareillages de sport et de loisir. Seul un prérequis obligatoire donnera droit à l'examen du dossier : la stabilisation du handicap (plus de deux ans après le traumatisme, par exemple), la pratique avérée d'un sport, la vérification capacitaire (maillage territorial, par exemple). C'est la seule délibération collégiale et documentée qui ouvrira le droit à la délivrance d'un matériel adapté de sport ou de loisir. D'autres pistes pourraient être étudiées, en particulier pour les prothèses des membres inférieurs et supérieurs qui bénéficient d'une double dotation (prothèse de secours en cas de panne ou casse de la prothèse principale), avec la substitution de la prothèse de secours par la prothèse de sport.

La France serait le premier pays à offrir ce service. Une annonce très certainement virale à l'occasion des Jeux paralympiques de Paris 2024, moment tant espéré pour l'inauguration de l'ISPC.

3. Selon l'étude commandée par l'Ufop au début de l'année 2018 et administrée par les étudiants en Sciences de l'information, Master I de l'Université de Besançon auprès des clients appareillés au sein des entreprises adhérentes de l'Ufop, 33 % des personnes appareillées interrogées souhaiteraient bénéficier d'un appareillage de sport ou de loisir, rejoignant en cela l'étude du Crédoc sur les pratiques sportives des Français adultes, dont 30 % déclarent pratiquer un sport régulièrement.

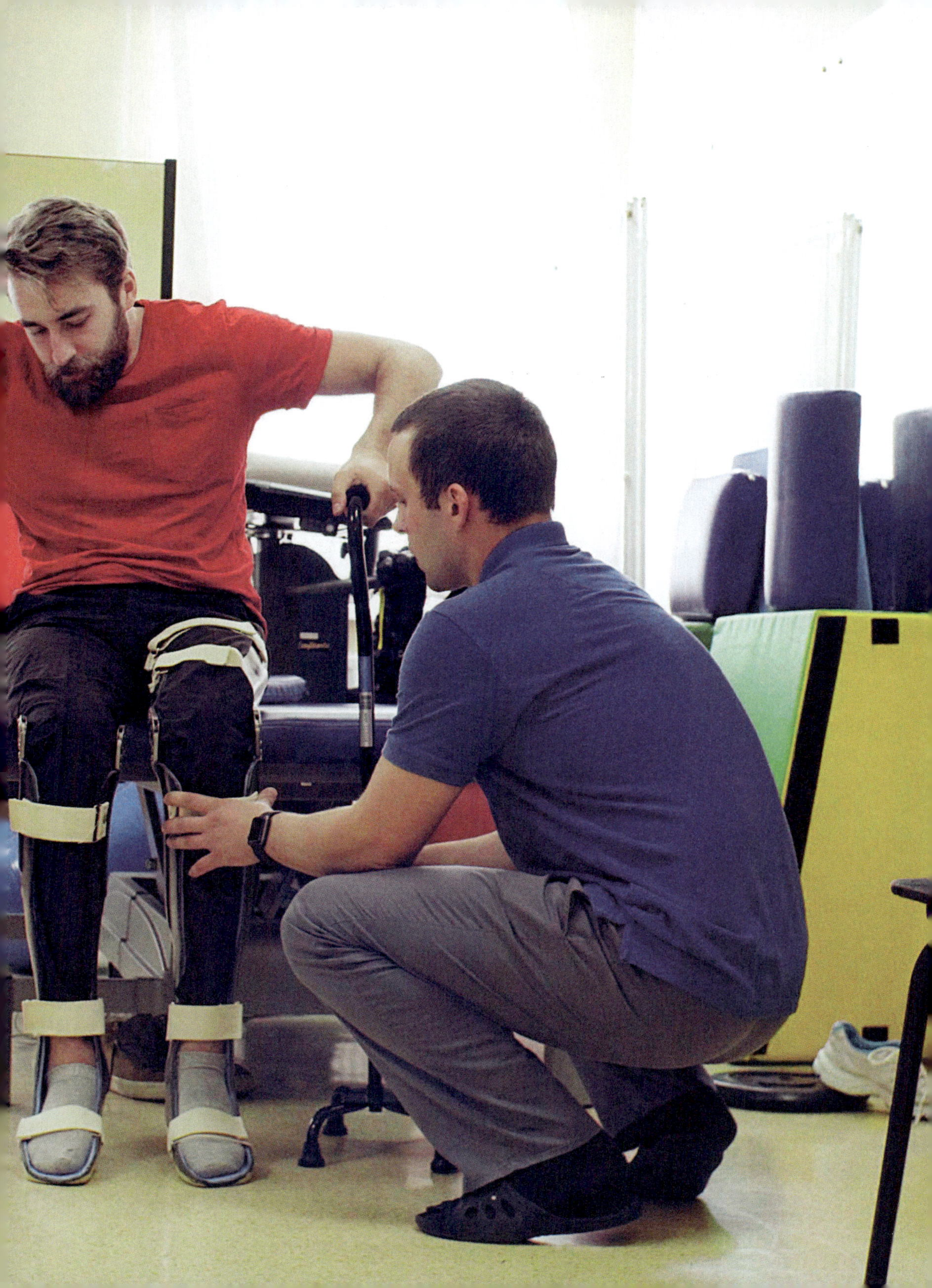

edf
556
noalys
TIKEHAU CAPITAL

HÉRITAGE DES JEUX

Des Jeux paralympiques de Paris 2024 durables et inclusifs par la santé[1]

Les personnes en situation de handicap et qui souhaitent pratiquer une activité physique, de loisir ou de compétition sont très souvent dans le désarroi faute d'infrastructures adaptées et d'encadrants. Mais c'est le corps médical qui, la plupart du temps, par manque de formation et d'information, freine voire déconseille la pratique d'un sport. À l'évidence, les Jeux paralympiques (JPO) constituent un temps fort pour corriger cette situation et sensibiliser l'opinion publique. Ceux de Londres en 2012, avec 2,7 millions de tickets vendus (record absolu à ce jour) et 3,8 milliards d'audience cumulée, ont constitué une avancée dans la prise de conscience collective. Ceux de Paris 2024 le seront également.

Sous la pression conjuguée de la société civile, de la commande publique et du CIO, les Jeux olympiques et paralympiques doivent être exemplaires et durables. Le projet « Héritage des JO » relève clairement de cette philosophie d'inscription de la manifestation sportive dans la durée en aval. L'opération « La Relève », menée par le Comité paralympique et sportif français, procède également de cette logique, en amont cette fois, des JPO: détecter des jeunes en situation de handicap pour les sensibiliser à la pratique d'un sport et être éventuellement sélectionnés dans l'équipe de France paralympique.

Améliorer par l'activité physique la santé des personnes en situation de handicap

L'amélioration de l'espérance de vie (un trimestre par an depuis trente ans) vaut pour l'ensemble de la population.

1. Ce texte est pour l'essentiel un extrait du livret édité par l'Institut Diderot et intitulé *Les Jeux paralympiques de Paris 2024 : une opportunité de santé publique ?*, rédigé par le professeur François Genêt, Jean Minier et Philippe Fourny.

"

Le but de l'ISPC va être de trouver des solutions aux problématiques des athlètes pour les préparer au maximum aux Jeux de Paris 2024."

Gaëlle Edon, équipe de France de para-tir.

Au-delà des progrès des soins médicaux, de l'amélioration de l'hygiène et des conditions de travail, l'amélioration des comportements est un facteur contributif majeur à l'accroissement de l'espérance de vie. On sait que les consommations de tabac et d'alcool, le manque de sommeil et l'inactivité physique représentent 60 % des facteurs de risque de maladie. Dès 1995, l'OMS et la Fédération internationale de médecine sportive, constatant que la moitié de la population mondiale n'était pas assez active, priait instamment les gouvernements de promouvoir et de renforcer les programmes d'activité physique dans le cadre d'une politique sociale et de santé publique axée notamment sur une activité physique régulière, qui devrait être perçue comme la pierre angulaire d'un mode de vie sain. Parmi un ensemble de sept recommandations, il est dit qu'il faudrait donner aux personnes frappées d'incapacités ou souffrant de maladies chroniques des conseils sur les exercices et les installations répondant à leurs besoins. Pour les personnes en situation de handicap, la sédentarité est d'autant plus un piège qu'elle s'inscrit naturellement dans le prolongement d'une limitation d'activité, tout particulièrement quand elle est acquise. Ces recommandations ont été largement reprises en 2011 puis en 2018 par la Haute Autorité de santé (HAS) qui reconnaît l'activité physique comme une thérapeutique non médicamenteuse. Dans une étude menée à l'hôpital Raymond-Poincaré de Garches auprès de plus de 200 patients sur les freins à la pratique d'une activité physique, sont apparus les six items suivants :

- le fait de ne pas pratiquer une activité sportive auparavant ;
- ne pas savoir quelle activité sportive pratiquer en toute sécurité ;
- avoir des difficultés à se déplacer ;
- avoir un problème d'image de son corps ;
- manquer de compétences pour des assistances techniques spécifiques ;
- regretter l'absence d'un lieu dédié « symbole ».

Des souhaits confirmés par une enquête de février 2016 diligentée par la FDJ, où il apparaît par exemple que 70 % des personnes en situation de handicap souhaitent pratiquer un sport et que pour 31 % d'entre elles, cette activité permet de limiter les effets du handicap. Si 77 % des sondés déclarent pratiquer un sport à domicile, c'est aussi parce que 50 % d'entre eux sont limités pour une pratique extérieure par des facteurs exogènes tels que l'accessibilité ou le manque d'argent.

C'est dans ce contexte que la création de l'Institut de santé parasport connecté (ISPC) s'est imposée pour répondre à ces attentes et combler ces lacunes. Un projet d'institut qui répondra à l'ensemble de ces problématiques par l'accompagnement des personnes en situation de handicap (diagnostic capacitaire, éducation au bon geste, mise au point d'aides techniques sur mesure…), la recherche et la formation du personnel médical, des aidants et des entraîneurs. Clairement, l'ISPC s'inscrit dans la trajectoire des JPO de Paris 2024.

La paratireuse de haut niveau Gaëlle Edon est vice-présidente de l'ISPC, où elle représente le parasport de compétition.

Préserver la santé des athlètes paralympiques

Si la pratique modérée d'un sport et d'une activité physique régulière est unanimement saluée comme bénéfique pour la santé, il n'en est pas de même pour le sport d'élite de compétition, où la haute intensité est pathogène. Se pose ici la question aiguë d'un encadrement médical de l'activité afin d'optimiser son retentissement positif sur la santé, mais aussi d'en limiter les effets délétères. Une situation d'autant plus sensible que le sportif présente dans le cas d'espèce un handicap qui lui-même retentit sur la physiologie du sportif. Citons l'exemple d'un parasportif en tennis fauteuil : le filet étant à hauteur des valides, si le geste du joueur n'est pas strictement encadré, il peut à terme nuire durablement à ses épaules.

On sait par ailleurs que les athlètes de haut niveau en parasport n'échappent pas tous au dopage, avec notamment une technique spécifique, le « boosting », qui consiste, pour ceux ou celles dont l'atteinte physique entraîne l'insensibilité à la douleur de certains membres (les jambes pour les paraplégiques), à s'infliger une blessure dont le « bénéfice » est une sécrétion d'adrénaline accrue. D'évidence, le staff médical et d'entraînement encadrant se doit ici de proscrire et non de prescrire.

En ce qui concerne le suivi médical des parasportifs de haut niveau en plus du Suivi médical réglementaire (SMR) propre à tout sportif de haut niveau, s'ajoute un bilan annuel du handicap réalisé par un spécialiste, le plus souvent un médecin de MPR. La standardisation des tests est ici impossible au regard de la grande variabilité des handicaps. Notons par exemple que l'exploration fonctionnelle respiratoire montre chez le blessé médullaire haut un syndrome restrictif du fait de l'atteinte des muscles respiratoires.

Améliorer les performances des athlètes paralympiques

Le cas de chaque parasportif comporte, tant dans sa face objective (aspect physiopathologique...) que dans son aspect subjectif (la manière dont il est vécu par la personne), une large part d'irréductible spécificité qui rend tout discours généralisant hautement problématique.

Même le handicap le plus « léger » ou « invisible » est porteur d'une singularité, d'un « déséquilibre » dont il convient d'anticiper les effets, surtout dans le cadre d'un entraînement intensif.

Les caractéristiques du handicap, du cadre de la pratique compétitive ou du

Les caractéristiques du handicap, du cadre de la pratique compétitive ou du matériel utilisé ont, notamment, un impact potentiellement majeur sur l'activité et, par voie de conséquence, sur l'organisation sportive et sur le processus d'entraînement.

matériel utilisé ont, notamment, un impact potentiellement majeur sur l'activité et, par voie de conséquence, sur l'organisation sportive et sur le processus d'entraînement.

Qui plus est, il est à noter que la face « objective » de l'entraînement (l'apport des sciences) est particulièrement peu connue en parasport.

Étiqueter une personne ou croire que l'on peut la définir sur la base de sa ou de ses déficiences est réducteur. Ainsi, ceci conduirait à considérer que des personnes ayant des déficiences identiques pourraient avoir les mêmes besoins ou les mêmes caractéristiques. Il convient d'utiliser les diagnostics d'ordre médical comme une information utile, mais limitée, et d'éviter de proposer des programmes d'activités stéréotypés selon les déficiences.

Entraîner un athlète handisport suppose donc, de la part de l'entraîneur, une démarche active de recueil de données, considérant le sportif, son handicap, son entourage et éventuellement son matériel comme un système à appréhender dans sa complexité dynamique. Le technicien du sport doit se muer en ingénieur de son activité, faire preuve de créativité et d'innovation pour prendre en compte la complexité et la singularité du parasportif.

Dans cette optique, il apparaît très clairement qu'entraîner un parasportif, dans un objectif de performance et de prévention des risques, relève d'une démarche médico-technique qui nécessite une coopération interdisciplinaire, étroite et suivie, entre le technicien du sport et le spécialiste médical.

Sport santé et parasport : une priorité nationale inscrite dans « Héritage des Jeux »

La Stratégie nationale sport santé 2019-2024 a été instaurée conjointement par les ministères des Sports et de la Santé avec la conviction que la pratique des activités physiques et sportives (APS) pour la santé relève de l'intérêt général. En effet, lutter contre l'accroissement de la sédentarité, l'inactivité physique et l'ensemble des pathologies chroniques qui y sont associées est un enjeu de santé publique.

Inscrite dans le plan national de santé publique « Priorité Prévention », la Stratégie nationale sport santé porte l'ambition de (re) mettre les Français en mouvement sur tous les territoires, de déployer des pratiques adaptées accessibles et encadrées, et de faire reconnaître pleinement le rôle majeur des APS pour la santé physique et mentale de chacun.

La Stratégie nationale sport santé est une politique publique qui s'inscrit dans l'Héritage des Jeux olympiques et paralympiques 2024. Elle s'articule autour de 4 axes.

Axe 1 : Promouvoir la santé et le bien-être par l'activité physique et sportive

L'enjeu consiste à encourager la pratique d'une activité physique et sportive à tous les âges de la vie, de manière régulière, durable et adaptée, et à lutter contre les comportements sédentaires dans la vie quotidienne. Cette promotion passera notamment par des campagnes de communication. Citons parmi celles-ci la sensibilisation des séniors par des stages de préparation à la retraite ou d'ici 2021, le développement de programmes d'APS spécifiques pour augmenter de 20 % la pratique dans les EHPAD. L'ambition de plan national passe également par le déploiement de maisons de sport santé sur l'ensemble du territoire : 100 maisons de sport santé d'ici fin 2019, avec un objectif de 500 d'ici à 2022.

Axe 2 : Développer l'offre à l'activité physique adaptée (APA) à des fins thérapeutiques

Pour la puissance publique, l'enjeu est de reconnaître le rôle majeur de l'APA dans un parcours de soins pour le traitement des maladies chroniques. Les principales actions qui en découlent consistent à mieux sensibiliser et former l'ensemble des médecins à la prescription d'activité physique adaptée. Cet axe se situe au cœur du sport santé avec, dès 2019, la mise à disposition des médecins d'outils en appui à la prescription et à la décision médicale à partir des recommandations de la Haute Autorité de santé. À noter également le développement de l'orientation et de l'accompagnement des patients atteints de maladies chroniques vers une offre et un cadre de pratique adapté, avec en parallèle un soutien du développement des prises en charge de l'activité physique adaptée en mobilisant tous les financeurs possibles. Dès 2020, l'activité physique adaptée sera inscrite dans le protocole de soin des femmes atteintes de cancer du sein.

Axe 3 : Mieux protéger la santé des sportifs et renforcer la sécurité des pratiques, quelle que soit leur intensité

L'enjeu est ici d'informer l'ensemble des acteurs sur les bonnes pratiques et d'alerter la population générale sur les risques engendrés par une pratique mal maîtrisée ainsi que de l'informer sur les bonnes pratiques. Les principales actions qui en découlent visent à optimiser la surveillance médicale réglementaire pour les sportifs de haut niveau : établir un protocole de prise en charge harmonisé pour chaque pathologie et mettre en place des campagnes de prévention dans différents environnements (sports de montagne, activités nautiques, subaquatiques et aquatiques) et de promotion des pratiques sportives. Il s'agira ici en particulier d'accentuer la formation des encadrants sur le thème de la réglementation et des bonnes pratiques dans le sport.

Axe 4 : Documenter et diffuser les connaissances relatives aux bénéfices et aux impacts de la pratique sportive sur la santé et la condition physique

Pour ce dernier axe, l'enjeu consiste à convaincre que les bienfaits de l'activité physique et sportive pour la santé sont prouvés. Il s'agit aujourd'hui d'en faire la promotion auprès du grand public, des acteurs institutionnels et privés concernés. Dans ces conditions, les principales actions vont viser à intensifier la mission de veille sanitaire au sein des fédérations sportives et à favoriser l'observation et la recherche permettant d'évaluer l'impact de la sédentarité et de l'inactivité physique en termes médico-économiques. Dès cette année est prévue la publication d'une revue de littérature exhaustive sur les connaissances disponibles ainsi que l'engagement d'études médico-économiques. L'objectif est de renforcer l'observation des pratiques d'activités physiques et sportives pour améliorer la connaissance et l'analyse de l'accidentologie avec, en 2020, la mise en place d'un observatoire de l'accidentologie des sports par le ministère des Sports.

Ces quatre axes trouvent un écho parfait à la création de l'Institut de santé parasport connecté et tendent à prouver que non seulement le déroulement des Jeux olympiques, mais également leur préparation et leur héritage, impactent et structurent la politique de santé publique du pays organisateur.

Jusqu'aux Jeux paralympiques de Paris 2024 et bien au-delà !

On entend par héritage olympique les bienfaits à long terme que les Jeux olympiques procurent à la ville hôte, à ses habitants et au Mouvement olympique avant, pendant et bien après la manifestation. L'ISPC est le seul projet d'infrastructure associé aux Jeux paralympiques de Paris 2024 à avoir obtenu le label « Héritage » (mesure 39) qui confirme qu'il associe dans la durée projet architectural, mission de santé publique et insertion sociale, au-delà des Jeux olympiques et paralympiques. Son inauguration prévue sur le site de Bècheville, aux Mureaux, au premier trimestre 2026, témoigne de cette inscription dans le temps des projets bénéficiant du label « Héritage des Jeux »

CE QUE L'ON PEUT RETENIR

- Et immédiatement, nous assignons l'autre à ce qu'il ne peut pas faire.
- Le biais cognitif.
- Ce sujet de société fera alors société.
- Restriction de participation et en limitation d'activité.
- Penser au handicap nécessite de penser le handicap, qui amène tout à chacun à penser à soi et à son rapport à l'autre.
- Le handicap est situationnel.
- La flamme s'allume et nous participons à cette liesse internationale, impression partagé de vivre un moment rare, voire unique dans nos vies.
- L'équipe médicale doit au binôme « para-athlète-entraîneur » de rester disponible et à distance afin de les laisser s'exprimer dans les meilleures conditions possibles.
- Diminuer les risques de contre-performance.
- « JM'entraîne », l'application qui fait bouger le handicap.
- Des appareillages adaptés.
- Au-delà de la rééducation, promouvoir l'activité physique.
- La recherche sur le handicap profite toujours à la population générale.

L'inclusion sociale, au travers de l'école, de l'emploi et du sport.

Une approche globale de la personne.

La pratique des activités physiques et sportives se diversifie depuis une vingtaine d'années avec l'émergence de nombreuses disciplines : activités en montagne (ski, randonnée, parapente…), de nature (fauteuil tout-terrain, joëlette, voile…), nouveaux sports (rugby fauteuil, foot fauteuil, boccia…).

Promouvoir l'accessibilité universelle.

Entreprendre et innover autour de la pratique sportive.

Ce que j'ai vu relevait d'une espèce d'enchantement comme si, par magie, ces corps s'étaient transformés pour s'adapter à un milieu autre ou que ce milieu-là avait réussi à les accepter comme le milieu terrestre parvenait à le faire. Et c'était le summum de la grâce et de la beauté.

J'ai vraiment compris ce que c'était qu'une situation de handicap et j'ai compris que c'était situationnel : par exemple, si j'ai le vertige ou si j'ai parfois du mal à trouver ma place dans certains groupes.

Parce que tout d'un coup, quand un homme sans bras nage, ce qui est extraordinaire n'est pas juste qu'il n'ait pas de bras et qu'il nage, mais qu'il soit un grand athlète malgré ce handicap.

Avec les enfants, le handicap interroge parce qu'il est une curiosité.

Non, je ne recourrai pas. Non, je ne remarcherai jamais normalement. Mais oui, si j'aime le sport, il y aura encore des possibilités.

Désormais, il n'y a pas de raison que la France ne devienne pas une grande nation dans le domaine du handisport.

Et si les personnes en situation de handicap bénéficiaient, comme les valides accidentés, d'un zéro reste à charge pour pratiquer une activité physique ?

POUR EN SAVOIR PLUS

- https://www.ispc-synergies.org/
- https://comite-handisport37.fr/blog/le-sport-pour-les-personnes-en-situation-de-handicap/
- « Activité physique et handicap », *Actualité et dossier en santé publique,* nº 114, du Haut Conseil de la santé publique, professeur François Genêt, juin 2021.
- *Les Jeux paralympiques de Paris 2024 : une opportunité de santé publique ?,* Institut Diderot, professeur François Genêt, Jean Minier et Philippe Fourny, retranscription des débats du 10 oct. 2019.
- Diner-Jeux-Paralympiques-Page.pdf (institutdiderot.fr)
- *Refraiming disability ? media, (dis) empowerment and voice in the 2012 Paralympic Games*, Daniel Jackson, Caroline E.M. Hodges, Mike Molesworth et Richard Scullion, Routledge, 2015.
- 25e anniversaire du Comité paralympique et sportif français, CPSF, avril 2017.
- *Handisport, Les Chroniques du mouvement, 1954-2015,* Fédération française handisport, avril 2016.
- Historique | Handisport.org
- *Murène*, Valentine Goby, Actes Sud, août 2019.
- *Patients,* Grand Corps Malade, Don Quichotte, 2017.

Liste des publications de Philippe Fourny
Monographies

- « Les Médias à Taiwan », *Sider*, coll. « Mondes en devenir », février 1996.
- « Recruter et garder les meilleurs », *L'Express/L'Expansion*, coll. « 100 conseils de pros », mars 2005.
- « Comptabilité : se former pour progresser », *L'Étudiant*, coll. « Je veux évoluer », novembre 2006.
- *Abécédaire amoureux des Ardennes*, Éditions Noires Terres, septembre 2008.
- *L'Incendie du tunnel du Mont-Blanc, Chronique d'une catastrophe annoncée*, Éditions du Mécène, mars 2009.
- *Homo erectus : le combat d'une profession,* Cherche midi éditeur, préfacé par Yves Coppens, novembre 2011, prix Handi-Livres 2014, mention spéciale du jury.
- *Docteur Clown, le sourire s'invite à l'hôpital*, Éditions docteur Clown, juin 2015.

Ouvrages collectifs

- Rédaction des rubriques « Handicap » et « Figures historiques » pour *Dictionnaire passionné* : *la protection sociale en 500 mots*, Craps-Docis, octobre 2015.
- Pilotage rédactionnel « Les associations professionnelles demain », hors-série du magazine *We Demain*, octobre 2015.
- Rédaction avec les professeurs Jean Paysant et Jérôme Cottalorda et le docteur Didier Pillard du chapitre consacré à l'histoire de l'appareillage orthopédique infantile au sein de l'ouvrage *Une histoire de l'orthopédie pédiatrique*, sous la direction du Professeur Rémi Kohler, Sauramps Médical, septembre 2017.
- Coordination éditoriale de l'ouvrage collectif *La Protection sociale française après la Covid-19 : épreuves d'un système ancien et opportunités d'un nouveau modèle* » par l'Association des anciens auditeurs de l'IHEPS, novembre 2020.
- Rédaction avec le professeur Jean Paysant du chapitre « Un siècle d'avancée : le XXe siècle » de l'ouvrage *Prothèses* sous la direction de Valérie Delattre et de Ryadh Sallem, coll. « Les Défis de civilisation », Inrap, CAP SAAA, 2021.

Crédits photographiques

FFH :
Luc Percival : pages 10, 16h, 18, 74
D. Echelard : pages 19, 37b, 49hg, 49hd, 55, 57, 64h, 72, 81, 82 centre, 130
P. Charlier : pages 16b, 56
G. Mirand : page 32
G. Picout : page 37hg, 41, 48, 50, 49bg, 92-93
Florent Pervillé : pages 37hg, 66, 69
L. Belair : page 49cg, 49cd
FFH : page 49bd, 52, 53

France para :
Luc Percival : pages 73h, 89
G. Picout : pages 35g, Page 35d, 42-43
Marie Lopez-Vivanco : pages 70, 82g, 82d, 85, 134
Baptiste Lorinquer : pages 76, 77
Y. Kellerman : page 90
T. Nguyen : page 101b, 119

Fédération Francaise de tir :
J. Heise : page 133

© Actes Sud, 2019 : page 110
Marie Fourny : dessin page 8
Kevin Oakhill : page 114

Adobe stock : Couverture, pages 4, 7, 15, 17, 64b, 65, 79,95, 120, 122, 124h, 124b, 126, 129, 138-139

Photos ISPC : pages 12, 20, 21, 22, 25, 26, 29, 30, 38, 39, 40, 45, 46, 47, 60, 61, 62, 63, 73b, 97, 101 (Marie-Amélie Le Fur), 104 (Thierry Rey), 123

Remerciements

« Regards sur le handicap et le sport »,
premier d'une série que nous espérons longue,
inaugure la collection. Ce projet n'aurait pu
se concrétiser sans le soutien financier
de ISPC Synergies, du Groupe Equwal,
de l'Agence nationale du sport (ANS) et du
Comité paralympique et sportif français (CPSF).

MIXTE
Papier issu de sources responsables
FSC™ C003309
FSC www.fsc.org

Les papiers utilisés dans cet ouvrage
sont issus de forêts durablement gérées.

Gravure : Apex Graphic
Achevé d'imprimer par Nouvelle Imprimerie Laballery
Allée Louis Bleriot - 58500 Clamecy
ISBN : 978-2-7491-7560-7
Dépôt légal : novembre 2022
Numéro d'impression : 205122